습관은 실천할 때 완성됩니다.

좋은습관연구소가 제안하는 49번째 습관은 "경제가 쉬워지는 습관"입니다. 경제 현상은 주기적으로 반복됩니다. 그래서 경기라는 말도 나오고 사이클이라는 단어도 쓰입니다. 이런 이유로 뉴스 역시 반복되다 보니, 기사의 배경이 되는 개념, 맥락 등은 생략된 채 핵심이 되는 정보(팩트)만 짚어서 기사로 다루는 경우가 많습니다. 그래서 기초 개념이 없거나 경제 전반에 대한 이해가 떨어지는 분이면 경제 뉴스조차도 어렵게 느껴집니다. 환율의 원리를 모르는 분에게 아무리 환율이 올라서 어떻다, 내려서 어떻다를 반복해도 먼 나라 이야기처럼 들리는 이유가 이 때문입니다. 이책은 "경제 현상은 주기적으로 반복된다"라는 가정 아래 우리나라에서 자주 언급되고 반복되는 뉴스 키워드(석유, 달러, 반도체)를 뽑고, 이것의 배경과 맥락을 공부함으로써 "경제가 쉬워지는" 뉴스 읽기를 시도합니다. 경제 초보일수록 이 세 가지 주제에만 집중해서 경제 공부를 한다면 가장 쉽고 빠르게 경제를 이해할 수 있습니다. 그동안 경제 초보자들을 대상으로 꾸준하게 입문서를 써온 작가가 다시 한 번 역량을 발휘했습니다.

# 경제가 쉬워지는 습관

석유, 달러,
반도체 뉴스만
읽을 줄 알면
끝!

OIL ——
DOLLAR ——
SEMICONDUCTOR

토리텔러 지음

좋은습관연구소

# 프롤로그
## 왜 석유, 달러, 반도체인가?

우리는 경제에 관심이 많습니다. 그런데 알고자 하면 왜 이리 공부해야 할 것이 많은지 몇 번의 시도를 하다가 좌절할 때가 많습니다. 쉽게 정리되었다고 말하는 책을 읽어도, 그리 길지 않은 분량의 경제 기사를 읽어도 아리송하기만 합니다. 이처럼 경제 지식의 틀이 잡히기 어려운 이유는 그것이 갖고 있는 속성 때문입니다.

경제는 사람이 먹고 사는 문제를 다룹니다. 그렇기 때문에 먹고 사는데 필요한 모든 것을 알아야 합니다. 게다가 경제는 다른 사람, 회사, 국가와도 연결되어 있습니다. 이러한 연관 관계까지 알아야 대충이라도 해석하고 이해할 수 있습니다. 그래서 경제를 공부하는 것은 언제나 만만치가 않은 일입니다.

제가 주로 해왔던 일은 미디어그룹에서 생산되는 뉴스를 외부에 유통하는 것입니다. 이 분야에서 일하다 보니 지금 어떤 뉴스들이 많이 읽히고 구독되는지, 이런 것들을 볼 수 있었습니다. 그런데 의외다 싶은 게 경제 뉴스에 대한 수요가 점점 떨어진다는 사실을 확인했습니다. 어려워진 경제 여건이나 부자에 대한 관심 등을 생각한다면 오히려 늘어야 할텐데 그렇지가 못했습니다. 이유는 간단했습니다. 경제 뉴스라는 게 초보자가 바로 보기엔 어렵고, 고수들이 읽기엔 너무 얕았기 때문입니다. 그러다 보니 경제를 쉽게 알려준다는 유튜브나 이메일링에 관심이 쏠리고, 두툼한 경제 보고서가 고가에 팔리고, 심지어 정체 불명의 투자방 리딩방 같은 것이 활개를 치는 일이 일어났습니다.

이런 상황에서 저는 여전히 신뢰할만하며, 일반인들이 가장 쉽게 구할 수 있으며, 팩트 중심으로 객관적으로 경제 공부를 하기에 최적화된 콘텐츠는 뉴스라는 생각을 변함 없이 갖고 있습니다. 약간의 기초만 갖고 있다면, 너무 얕지도 너무 깊지도 않은 적정한 선을 갖고서 가장 빠르게 전달해주는 경제 지식이 뉴스이기 때문입니다. 그래서 이번 책을 쓰면서 '경제를 전혀 모르는 사람들이 스스로 경제 뉴스를 읽을 정도까지 안내하는 것'을 목표로 잡았습니다.

우리 경제의 특징이라면 천연자원이 부족하고 땅도 좁다보니 잘 살기 위해서는 수출을 많이 해야 한다는 것입니다. 한마디로 수출로 먹고살아야 하는 나라입니다. 그렇다면 이를 이해하는 가장 중요한 요소가 무엇일까요? 첫 번째는 수출 분야에서의 가장 중요한 상품을 아는 것입니다. 두 번째는 천연자원이 부족하다는데 반드시 수입에 의존해야 하는 원자재가 무엇인지 아는 것입니다. 마지막 세 번째는 수출과 수입을 말할 때 상품말고도 고려해야 할 중요한 것이 무엇인지 아는 것입니다. 바로 가장 중요한 수출 상품인 '반도체', 수입 원자재인 '석유', 마지막으로 수출과 수입할 때 주고 받는 화폐인 '미국 달러'를 이해하는 것입니다.

저는 이 세가지 키워드로를 갖고서 책을 쓰기로 마음먹고 과거 1년치 주요 경제 뉴스들을 갈무리 하고 분류를 해 보았습니다. 그랬더니 실제로 경제 뉴스에서 가장 많이 언급되는 탑 5 주제(키워드)에 석유, 반도체, 달러가 포함되는 것을 확인할 수 있었습니다. 탑 5에는 '부동산'이나 '2차 전지' 같은 키워드도 있었지만, 가장 오랫동안 우리 경제를 흔들어 왔고 앞으로 그럴 것 같은 세 가지로 석유, 반도체, 달러를 선택했습니다.

사실, 이것들의 중요성은 더 이상 설명하지 않아도 될 정도입니다. 각각의 성격, 배경, 연관 관계 등을 이해할 수 있다면 다른 경제 문제나 상황도 쉽게 유추해볼 수 있을 정도로 중요하기 때문입니다. 그리고 이 셋을 두고 어느 나라들이 어떻게 경쟁하는지만 살펴도 국제 관계나 정치 문제까지 쉽게 파악할 수 있습니다. 나아가 돈의 흐름을 예측하는 데 있어서도 도움이 됩니다. 그래서 부자가 되고 싶다면 석유, 반도체, 달러에 대한 공부를 놓치지 말아야 한다고 말할 수 있을 정도입니다.

저는 앞으로 이 세가지 키워드로 경제를 이해하는 줄기를 잡아보려고 합니다. 쉽고, 간략하게 경제 뉴스를 읽고 해독할 수 있을 수준에 맞춰 배경과 원리를 말씀드리고자 합니다. 그동안 우리가 보던 경제 뉴스에서는 자주 반복된다는 이유로 이러한 맥락이 생략되었던 게 사실입니다. 그래서 처음 접하는 분일수록 이해가 어려웠습니다. 하지만 저와 함께 석유, 반도체, 달러를 공부하고 나서 경제 뉴스를 읽게 된다면, 이전보다 훨씬 쉽고 빠르게 핵심을 파악할 수 있을 것입니다.

그리고 마지막으로 한가지 당부하고 싶은 것은 지속적인 업데이트입니다. 이것은 여러분의 몫으로 둘 수밖에 없습니다. 경제 상황은 시시각각 변화합니다. 당연히 책의 내용도 금방 과거의 것이 돼버립니다. 즉 새로운 소식들로 여러분의 지식을 계속해서 업데이트해야 경제 공부의 의미가 퇴색되지 않습니다. 독자 스스로 새로운 뉴스나 소식을 지속적으로 해석하는 수밖에 없습니다. 책을 읽는 것이 과거부터 현재까지를 정리하는 것이라면, 업데이트를 하는 것은 미래를 준비하는 것입니다.

이 책을 읽고 나면 경제 신문 읽기와 경제 정보를 업데이트하는 일이 조금은 수월해질 것입니다. 그리고 필요한 지식의 갈래를 잘 나눠 차곡차곡 쌓을 수 있을 것입니다. 그럼 이제 저와 함께 시작해 보시죠.

# 목차

# 3부. ──────────── 반도체 - 미래가 새겨진 칩

# 1부

# 석유

## 현대사회의 검은 혈액

# 1

## 가장 효율적인
## 아직까진 없어서 안 될 자원 석유

석유는 현대의 세계 경제를 움직이는 가장 중요한 자원입니다. 정제되지 않은 상태의 석유를 원유라고 합니다. 증류해서 정제하는 과정을 거치게 되면 온도(끓는 점)에 따라 휘발유, 경유, 등유, 항공유, LPG 가스, 나프타(또는 납사)와 아스팔트를 얻게 됩니다. 잘 알다시피 휘발유를 비롯해 경유, 등유 등은 자동차나 배, 비행기 등 동력 기관을 움직이는데 사용되거나 난방 등에 사용됩니다. 그리고 나프타는 플라스틱으로 대표되는 합성 수지, 나일론과 폴리에스터로 대표되는 합성 섬유, 타이어에 쓰이는 합성 고무 등 각종 석유 화학 제품의 기초 원료가 됩니다. 우리가 입는 옷의 주재료가 되는 폴리에스터가 석유를 갖고서 만든다는 사실은 의외로 모르는 분이 많습니다.

석유가 없으면 현대인의 삶은 유지될 수가 없습니다. 우리가 고개만 돌려도 안 걸리는 것이 없을 정도로 여기저기 다 쓰이는 것이 석유입니다. 자동차, 배, 비행기 등을 이용할 수 없는 것은 물론이고 플라스틱으로 대표되는 각종 제품도 쓸 수 없습니다. 최첨단 스마트폰이나 가전제품, 배달 음식을 담는 데 쓰는 각종 용기와 생수통이나 화장품 같은 생활용품, 비닐 봉투 등도 사라집니다. 만약 석유 화학 제품이 없다면 면(cotton)이나 비단, 가죽 등 100% 천연 제품만 입어야 할지도 모릅니다. 땀과 습기를 잘 투과시키거나 편하게 쭉쭉 늘어나는 각종 기능성 옷도 입을 수 없습니다. 눈에는 잘 보이지 않지만 의료 기기 같은 사람 목숨에 당장 영향을 끼치는 물건에도 석유 화학 제품은 사용됩니다. 정말 셀 수 없이 많습니다.

그래서 원유를 두고 현대 사회를 움직이게 하는 혈액이라고 말합니다. 피가 돌아야 몸이 움직이듯 검은 혈액 (땅속에서 캐낼 때는 검은색입니다) 원유는 전 세계 모든 나라의 경제를 움직이는 핵심 자원입니다. 석유 공급이 멈추게 된다면 현대 사회는 악성 빈혈에 시달리다 죽음을 맞이할지도 모릅니다. 혹 석유를 덜 쓰면 되지 않나? 이렇게 생각하는 분이 있을지 모르겠지만 지금의 경제 구조와 현대인들의 라이프 스타일을 생각하면 석유 없는 삶은 상상조차 하기 힘듭니다. 무엇보다 경제성 측면에서 석유를 대체할 수 있는 다른 자원이 없습니다.

경제성 얘기가 나왔으니 한 번 간단히 약식으로 정리해보겠습니다. 경제성 평가는 돈(비용) 계산이 가장 쉽습니다. 원유가 배럴당 100달러에 근접하면 "원유 가격이 너무 올랐다!"라며 뉴스에서 속보를 띄웁니다. 원유 가격을 산정하는 '배럴'이란 단위는 42갤런이자 158,900mL로 500mL 작은 생수병 기준으로 317.8병 분량입니다. 500mL 생수를 개당 500원이라 가정하면 1배럴의 생수는 158,900원이 됩니다. 원유 1배럴 가격이 '겁나' 비싼 100달러(환율도 1달러에 1,400원이라 가정해 보겠습니다)라고 해도 140,000원밖에 되지 않습니다. 즉 가장 비싼 시점으로 계산해도 원유가 생수보다 싸다는 결과가 나옵니다.

원유는 생수보다도 싸지만 자동차를 굴리고, 비행기를 띄우고, 방과 물을 데우고, 각종 석유 화학 제품을 만들어 내는 등 물만큼이나 필수적인 열할을 해냅니다. 석유보다 더 효율적인(가격적으로) 자원을 눈을 씻고 찾아봐도 없습니다. 이렇게 단순 계산으로 원유의 가치를 제대로 평가한다고 말하기에는 부족하겠지만, 생수보다 싼 가격의 석유를 사용해 현대 문명의 이기를 누리고 있다는 사실만큼은 분명합니다.

친환경이나 재생 에너지가 많이 언급되지만, 여전히 탈석유는 쉽지 않아 보입니다. 오히려 이 좋은(?) 걸 못 쓰게 할까 봐, 그걸 더 고민할 지경입니다. 이런 고민을 가장 많이 하는 나라가 미국입니다. 2차 세계대전 이후 초강대국이 된 미국은 자국의 경제력 유지를 위해 안정적인 석유 공급망 확보에 자신의 힘을 총동원하고 있습니다. 심지어 전쟁도 불사합니다. 가장 힘 있는 사람이 가장 좋은 것을 차지한다는 아주 단순한 원칙이 있습니다. 동물의 세계를 다루는 다큐멘터리를 봐도 무리의 우두머리가 가장 좋은 자리에서 음식과 이성을 차지합니다. 그리고 자신의 자리를 위협하는 도전자를 강력하게 응징합니다. 이러한 정글의 법칙은 동물의 세계뿐만이 아니라 21세기 지구에도 통용됩니다.

원유는 미국에도 또한 미국에 도전하는 경쟁국에도 가장 중요한 자원입니다. 원유를 둘러싼 서열 싸움은 지금도 현재진행형입니다. 중동에서 벌어지는 각종 전쟁도 따지고 보면 원유 때문이라고 할 수 있습니다. 우두머리인 미국은 말을 듣지 않는 나라(예를 들면, 이라크)에는 물리력을 행사하고, 신경을 거스르는 나라(이란)에는 경제 제재를 가합니다. 반면 말을 잘 듣는 나라(사우디아라비아, 쿠웨이트)에는 여러 방법으로 보이지 않는 지원을 합니다. 호르무즈 해협(페르시아만 연안 국가에서 생산되는 석유의 주요 운송로로 세계 석유의 약 20%가 이곳을 통과한다)으로 대표되는 원유 수송로를 관리하는 미국의 해군

력과 반드시 달러로만 해야 하는 대금 결제 시스템은 미국의 힘을 강력히 만들고 원유에 대한 지배력을 높입니다. 원유와 관련된 모든 포인트를 미국이 관리한다고 해도 틀린 말이 아닙니다. 이것이 바로 정글의 제왕이자 세계 최강국 미국의 위상입니다.

왕좌의 자리는 호시탐탐 노리는 도전자들 때문에 흔들리기 마련입니다. 대표적인 도전자는 중국과 러시아입니다. 특히 중국은 넘버2로 만족하지 못하고 끊임없이 미국을 자극합니다. 석유뿐만이 아니라 거의 모든 분야에서 도전장을 내밀고 있습니다. 전면전을 하는 것은 아니지만 미국의 아픈 곳을 계속해서 찌릅니다. 대표적으로 결제 통화인 달러를 무너뜨리고 싶어 사우디아라비아 등에 중국 위안화 결제를 유도합니다. 그리고 미국의 경제 제재를 받고 있는 러시아의 원유를 헐값에 사서 위안화로 대금을 지불하는 등 미국의 무역 제재를 무위로 돌리는 일을 합니다. 심지어 원유 수출이 금지된 이란산 원유도 몰래 수입하는 것으로 알려져 있습니다. 더욱이 원유를 대체할 수 있는 재생 에너지 중 태양광이나 풍력에너지의 재생 에너지 산업 분야에서의 중국 기업의 성장세와 점유율은 독보적입니다.

지금은 조금 서열이 밀린 러시아도 여전히 미국과 대립각을 세우고 있습니다. 최근에는 우크라이나 침공에 따른 결과로 미국과 서방의 경제 제재를 강하게 받고 있습니다. 대표적인 경제 제재가 서방 국가나 동맹국의 러시아산 원유의 수입 금지입니다. 하지만 미국 눈치를 덜 보는 중국과 인도에 석유를 팔고, 천연가스나 다른 지하자원을 수출하면서 버티는 중입니다. 유럽으로 연결된 천연가스관을 잠가 유럽을 압박하고, 우크라이나와의 휴전을 거부하는 등 계속해서 미국을 향해 각을 세우는 중입니다.

중국과 러시아 다음으로 조금은 미국에 우호적인 유럽은 다른 방향에서 미국이 짜 놓은 원유 중심 경제를 벗어나려고 합니다. 바로 재생 에너지의 사용입니다. 유럽이 원유를 대신해 재생 에너지로 넘어가려는 이유는 알밉게도 관련 기술을 가장 많이 보유하고 있는 곳이기 때문입니다. 화석 연료인 석탄으로 산업혁명을 일으킨 영국과 그 수혜를 직접 받은 유럽은 이미 화석 연료를 쓸 만큼 쓴 국가들입니다. 제국주의로부터 시작해 제1차, 2차 세계대전으로 이어지는 기간 동안 석탄과 석유 등 화석 연료는 전성기를 누렸습니다. 그러다 환경 위기가 코앞에 닥치자 더 이상 화석 연료를 쓰지 않고 탄소 발생을 줄여야 한다며, 수력, 풍력, 태양 에너지로 전환하자고 주장하고 있습니다.

일견 타당한 얘기 같습니다. 지구 환경을 생각한다면 틀린 말은 아니니까요. 그런데 여전히 경제 발전이 이루어지지 않는 나라 입장에서는 화석 연료가 필요합니다. 그럼에도 유럽은 환경을 빌미로 RE100(100% 재생 에너지만 사용하고자 하는 캠페인)같은 친환경 정책이나 무역 정책 등을 내세워 유럽과 거래하고자 하는 나라(기업)에 압박을 가하고 있습니다. 이런 상황이 석유 자원을 활용해 경제 발전을 이루고자 하는 개도국 입장에서는 답답할 노릇입니다. 유럽을 비롯한 서구 선진국들이 탄소 시대의 과실을 먼저 따먹었으면서 이제 와서는 "안 돼, 지구를 살리려면 그만 써야 해!"라며 막는 모양새이기 때문입니다. 개도국 입장에서는 "우리도 좀 먹고살자"라고 하는 판에 유럽은 친환경 기술로 더 강한 친환경, 더 엄격한 재생 에너지 사용으로 벽을 치고 있습니다. 이렇게 하는 이유도 알고 보면, 원유 이후 시대에서도 정치적 경제적 주도권을 놓치고 싶지 않기 때문입니다.

기름 한 방울 나지 않는 우리나라로 시선을 돌려보겠습니다. 우리나라의 상위 수입 품목들은 원유, 직접회로(중간재로 사용되는 반도체), 천연가스, 석탄 등 입니다. 이중 직접회로를 제외한 나머지는 에너지 자원이며 그중에서도 1위는 원유입니다. 우리에게도 원유는 완벽한 필수품입니다. 아직 친환경 재생 에너지로 전환하기에는 지금의 기술 수준은 고비용 저효율입니다. 그리고 발전 설비를 설치할 땅도 부족합니다. 예를 들어 태양광 설비를 위해서는 주거 시설과 분리되어야 하고, 꽤 넓은 공간이 필요합니다. 국토가 좁고 산이 많은 우리나라 입장에서는 대규모 설치가 쉽지 않습니다. 원자력이 있긴 하지만 사용에 대한 찬반(장단점)이 뜨거운 에너지원입니다. 그렇다 보니 당분간은 원유를 계속해서 수입해서 쓸 수밖에 없습니다.

우리가 수입하는 원유의 대부분은 중동산입니다. 그래서 원유 가격을 들썩거리게 하는 중동 분쟁 및 산유국들의 공급량 조절 소식은 우리의 생명줄을 위협하는 중요한 경제 뉴스로 취급됩니다. 우리나라 군인들이 중동 지역에 파병을 나가는 이유도 숭고한 인류애의 실천도 있지만 원유와 관련성이 있음을 부인하기가 어렵습니다.

이제 뉴스에 자주 등장하는 우리나라 경제와 원유의 관계에 대해 본격적으로 이야기해 보겠습니다.

# 2

# 석유는 물가와 경기에
# 어떤 영향을 주는가

## 물가

물가(物價)는 한자어 뜻 그대로 물건의 가격입니다. 물가가 오
르거나 내리면 실생활에 직접적인 영향을 주게 됩니다. 물가
가 오르면 교통비나 휘발유 그리고 기타 생필품 가격이 함께
올라 먹고 살기가 힘들어집니다. 물가가 오를 때 어떤 문제가
나타나는지 간단한 사례로 살펴보겠습니다.

월 수입이 100만 원이라고 해보겠습니다. 그 돈으로 생활
에 꼭 필요한 물건(10만 원) 열 개를 매달 구매하며 살았습니
다. 그런데 물가가 올라 물건값이 두 배(20만 원)가 되었습니
다. 100만 원밖에 수입이 없는 사람은 다음 달부터 살 수 있

는 물건은 다섯 개로 줄어듭니다. 만약 삶의 질이 사용하는 물품 양에 비례한다면, 우리 삶의 질도 절반으로 뚝 떨어지게 됩니다. 이처럼 물가 인상은 돈의 가치가 줄어드는 것을 뜻합니다. 물가가 지속해서 오르는 인플레이션을 두고 '화폐 가치가 녹는다'라고 표현하는 이유도 이 때문입니다.

## 유가와 물가

우리가 꼭 써야 하는 상품인데 대체품이 없고 우리나라에서 구할 수 없는 상품이라면 울며 겨자 먹기 식으로도 가격 변동을 고스란히 감내할 수밖에 없습니다. 여기에 가장 잘 들어맞는 상품이 석유입니다. 석유는 우리가 좋든 싫든, 가격이 오르든 내리든 무조건 사서(=수입해서) 쓸 수밖에 없습니다. 그렇기 때문에 원유의 가격 변화는 우리나라 물가에 그대로 영향을 미칩니다. OPEC(석유수출국기구)의 자료를 보면 석유는 수송용으로 57%(44%가 자동차, 7%가 항공, 6%가 철도 및 선박)가 사용되어 가장 사용 비중이 높습니다. 그래서 유가 상승 뉴스가 나오면 가장 먼저 주유소의 휘발유나 경유 가격을 언급합니다. 최근에는 전기차도 늘어나고 대중교통도 촘촘해지고 있으니 과거보다 석유를 덜 쓰지 않을까, 이렇게 생각할 수도 있지만, 전기차의 비중은 여전히 전체 자동차의 10%가 되지 않습니다. 시내버스와 승용차 중 일부가 바뀌고 있지만 대형 화물차를 비롯해 상당수 자동차는 기름(석유)을 넣어야만 달립니다. 결국, 아무리 연비 운전을 한다고 해도 원유 사용량을 절대적으로 줄일 수는 없습니다.

유가의 변동에 따라 차량에 쓰는 석유의 수요는 크게 변하지 않지만, 비행기는 상대적으로 큰 영향을 받습니다. 비행기 이용료가 비싼 편이기도 하고 꼭 이용해야 하는 사람보다 그렇지 않은 사람(관광객)의 수가 더 많기 때문입니다. 그래서 유가 변동 뉴스가 나오면 항상 항공사 주가에 대한 얘기가 따라나옵니다. 근데 항공 중에서도 화물 운송은 상대적으로 영향을 덜 받습니다. 아무래도 사람보다는 가격 변동성이 적기 때문입니다. 그래서 항공사 관련 뉴스에서 여객 수요는 줄어 이익이 떨어졌지만, 화물 분야에서는 선전했다는 식의 기사를 종종 보게 됩니다. 주식 투자 등의 이유로 항공사를 볼 때 여객 운송량도 봐야 하지만 화물 운송량도 봐야 하는 이유입니다.

수송 다음으로 석유화학 분야가 약 14%, 기타 산업 분야가 약 13% 사용됩니다. 이 두 가지 분야는 유가가 오른다고 해서 사용량이 줄어들거나 하지 않습니다. 그래서 기업들은 유가 상승에 맞춰 완제품의 가격을 올려서 대응합니다. 일부는 기업이 감당하겠지만 상당수는 '제품 가격 인상'이란 해법으로 소비자에게 인상분을 전가합니다. 게다가 석유화학 제품은 대부분 B2B(기업대 기업간 거래) 제품이라 소비자가 체감하기까지에는 꽤 오랜 시간이 걸립니다. 시차가 있다 보니 소비자들은 차량 운행에 필요한 휘발유(경유)가 아닌 이상 유가 변동으로 물건값이 오르는 사실을 당장은 알기가 어렵습니다. 결론적으로 말해, 유가가 오르면 언제냐의 문제일 뿐 물가도 함께 오를 가능성은 100%라고 보는 게 맞습니다.

## 유가와 경기

경제를 구성하는 3주체(기업, 정부, 가계) 중 하나인 가계가 가장 중요하게 하는 역할은 '소비'입니다. 하지만 유가 인상으로 물가가 동반 인상을 하게 되면 사람들은 소비를 줄이게 됩니다. 가계가 소비를 줄이면 당연히 물건을 많이 만들 이유도 사라집니다. 안 팔려서 재고가 쌓이는데 더 만들 이유가 없기 때문입니다. 생산량이 줄어들면 생산을 위해 필요한 인력도 줄어듭니다. 생산도 줄고, 소비도 줄고, 기업이 벌어들이는 돈도 줄고 내야 할 세금도 적어집니다. 나라 살림을 하는 정부의 가장 큰 수익원인 세금이 덜 걷이면, 정부도 소비(재정 지출)를 줄일 수밖에 없습니다. 조금은 과장이라 할 수도 있겠지만, 유가가 오르면 우리나라 경제를 떠받치는 가계, 기업, 정부의 역할이 모두 쪼그라듭니다. 이런 상황을 '경기 침체'라고 부릅니다. '유가 상승-물가 인상-경기 침체' 뉴스가 세트로 등장하는 이유도 이런 연관성 때문입니다.

물론 반대의 경우도 있습니다. 유가가 떨어지면 물가도 떨어집니다. 좀 더 현실적으로 말하면, 물가 인상이 멈추게 됩니다. 그런데 기업은 떨어진 유가만큼 바로바로 제품 가격을 낮추는 식으로 대응하지 않습니다. '유가는 떨어졌는데, 기름값은 그대로'라는 뉴스 제목처럼 한 번 올라간 물건 가격은 좀처럼 내려오지 않습니다. 결과적으로 기업은 수익성이 좋아지는 효과를 얻게 됩니다. 수익이 늘면 세금도 늘고, 근로자들에게 주는 상여금도 늘고, 기업의 주가도 오르고, 주주에게 나눠줄 배당금도 오릅니다. 유가가 하락하면 당장 내가 느끼는 체감 물가는 잘 모르겠지만 경기에 도움이 되는 것만은 분명한 사실입니다.

## 대체 불가한 석유

유가는 물가와 밀접하게 연동되기 때문에 중요하다는 것 이외에도 우리나라가 100% 원유 수입국이다 보니 중동발 인상 소식에 대응할 방법이 전혀 없다는 점에서도 언제나 초미의 관심이 됩니다. 계란 값이 너무 오르거나 배추가격이 오르면 급하게 외국에서 저렴한 제품을 수입해 올 수 있지만 원유는 그렇지 못합니다. 일본에서 반도체 제조에 필수적인 일부 제품의 수출을 금지했을 때도 시간은 좀 걸렸지만 국내 개발로 이를 대체한 적이 있습니다. 하지만 원유는 대체품이 없습니다. 중동이 아닌 다른 지역(남미나 유럽)의 원유를 수입하는 것도 거의 불가능합니다. 수송비가 훨씬 더 많이 들기 때문입니다. 바로 옆 나라인 중국에서도 석유가 생산되지만, 중국은 세계 최대 원유 수입국으로 자기네들이 쓰기에도 부족합니다. 러시아는 원유 수출을 하지만 중동산보다 비싸고, 미국의 제재 때문에 수입했다가는 미국에 밉보이게 됩니다. 그동안 우리나라는 주로 이란산 원유를 많이 썼지만 미국과 이란 사이 관계가 안 좋아진 이후로는 이란산 원유를 수입하지 못하고 있습니다. 미국에서도 일부 수입하고는 있지만 대세에 지장 없는 소량일 뿐입니다. (향후 트럼프 정부의 강력한 석유 재개발 정책과 무역 압박에 따라 미국산 원유 비중이 꽤 늘어날 것으로 예상됩니다.) 결과적으로 우리나라는 중동산(이란을 제외한 사우디아라비아, 아랍에미리트, 쿠웨이트 등) 원유 외에는 다른 선택지가 없어 보입니다.

———

정리해보겠습니다. 우리나라는 원유의 가격 변동과 상관없이 일정한 양을 해외에서 수입해야 합니다. 우리나라 입장에서 유가의 변화는 물가의 변화와 거의 동일시됩니다. 유가가 오르면 물가도 오릅니다. 물가가 오르면 소비 침체로 이어지고 다시 경기 침체로 넘어갈 확률이 높습니다. 반면, 유가가 떨어지면 국가 전체적으로는 좋은 일이지만 개별 소비자가 이를 확실히 체감하기는 어렵습니다. 그리고 정치적으로 볼 때 수입 원유의 대부분을 중동산을 쓰고 있는 만큼, 중동 지역과 잘 지내는 것이 매우 중요합니다.

투자 관점에서 살펴보게 되면, 유가 변동기나 유가 상승기에는 에너지 관련 산업에 투자하는 것이 좋습니다. 정유사나 석유 가스 회사 등이 그 대상입니다. 개별 기업 투자가 우려되면 에너지 ETF(ETF에 대해서는 반도체 파트의 투자 설명을 할 때 자세히 알려드립니다) 종목도 괜찮습니다. 그리고 유가와 환율은 같이 움직이려는 경향성이 강한 만큼 달러 예금이나 채권 투자도 해볼 만 합니다.

# 3

# 유가 변화에 따라
# 우리 삶은 어떻게 바뀌는가

## 유가 예측

유가의 결정 방식에 대해 좀 더 알아보겠습니다. 기본적으로는 경제의 가장 기본 원리인 수요와 공급에 따른 가격 결정 원리를 따릅니다. 아시다시피 시장에서의 가격 역시 수요와 공급의 변화에 따라 결정됩니다. 수요가 늘어나면 가격은 오르고 수요가 줄어들면 가격은 내려갑니다. 반대로 공급이 늘어나면 가격은 내려가고 공급이 줄어들면 가격이 오릅니다. 그럼 원유의 '수요'나 '공급'의 증가나 감소를 예상할 수 있다면 원유 가격의 예측이 쉬워지지 않을까요?

## 유가 인상

원유 가격이 오르는 경우부터 생각해 보겠습니다. 수요가 늘어나거나 공급이 줄어들면 가격은 오릅니다. 원유의 수요가 늘어나는 때는 경기가 좋을 때입니다. 이때는 소비도 늘고 생산도 늘어납니다. 전 세계적으로 경기가 좋아진 대표적인 때가 코로나가 끝났을 무렵입니다. 당시 되살아난 경기를 상징하는 단어가 있었습니다. 가계 관점에서는 '보복 소비', 기업 측면에서는 '리오프닝'이었습니다. 위축되었던 경제가 대대적으로 재개된다는 상징적인 단어였습니다. 이때 유가는 한껏 올랐습니다. 돈 쓸 준비가 되어 있는 소비자들을 위해 재깍재깍 물건을 만들어야 했고, 이에 재료가 되는 원유가 필요하고 당연히 여기에 맞춰 수요가 늘어날 것으로 예측됐기 때문입니다.

공급이 줄어들어 유가가 오르는 때도 있습니다. 중동에서 분쟁이 생기면 전 세계가 관심을 두고 뉴스를 쏟아냅니다. 사람 목숨이 달려 있기도 하지만 유가와 직접 연관이 되기 때문입니다. 중동의 분쟁 뉴스를 잘 생각해 보면 '유전 공습·파괴' 혹은 '원유 수송로 봉쇄·위협' 등으로 결국은 공급 안정성에 대한 것입니다. 공급이 불안해지면 원유 가격이 오르기 때문에 그렇습니다. 반면 원유 산지와 별 상관없는 중동 지역의 분쟁 뉴스는 그다지 크게, 오랫동안 보도되지 않습니다. 이스라엘이 팔레스타인과 분쟁이 생겨도 수백, 수천 명이 죽지 않는 이상 뉴스로 다뤄지지 않습니다. 하지만 이란으로 분쟁이 확대될 것 같으면 주요 뉴스로 보도됩니다. 유가에 직접적인 영향을 끼칠 우려 등으로 보도 가치가 달라지기 때문입니다. 이처럼 중동 분쟁으로 원유 생산량(공급량)이 줄어들 여지가 생기면 원유 가격은 상승하게 됩니다. 그리고 OPEC에서 의도적으로 감산(공급을 줄이는) 발표를 할 때에도 가격은 오릅니다(주기적으로 회원국들의 석유 공급량 조정을 통해 유가를 조정한다).

## 유가 인하

이번에는 원유 가격이 내리는 경우를 살펴보겠습니다. 수요가 감소하거나 공급이 증가할 때입니다. 즉 경기 침체가 예상될 때입니다.

그중에서도 중국으로 좁혀서 얘기해보겠습니다. 세계에서 원유를 가장 많이 수입하는 나라는 중국입니다. 중국은 '세계의 공장'이라는 별명답게 엄청난 자원을 소비하면서 많은 물건을 만들어 전 세계로 수출합니다. 그런데 공장 가동률이 떨어지면 제품을 만드는 원료 사용량도 줄어들게 됩니다. 즉 중국 경기가 침체하거나 살아날 기미가 안 보이면 수요가 감소하면서 유가가 하락하게 됩니다. 세계 경제 1위 국가인 미국의 경기도 유가에 영향을 끼칩니다만 미국을 빼면 중국이 가장 중요한 변수입니다.

공급이 늘어나는 일도 있습니다. OPEC 산유국들 사이에서 다툼(?)이 생길 때입니다. OPEC를 통해서 산유량(=공급량)을 어느 정도 통제하지만 협의가 항상 잘 되는 것은 아닙니다. 산유국들은 원유 수출이 거의 유일한 국가 수입원인 경우가 많습니다. 그러다 보니 각 나라의 경제 사정에 따라 입장이 달라지는 경우가 종종 발생합니다. 회원국 중 하나가 "우리가 좀 급해서 그러는데, 난 더 팔아야겠어!"라며 석유 생산량을 늘리면 다른 회원국들도 "쟤들만 돈 벌면 안 되지, 나만 손해 보면 안 되지"하는 분위기가 생겨서 같이 원유 생산량을 늘립니다. 결과적으로 공급이 늘어나서 가격이 떨어지게 됩니다.

공급이 늘어나는 또 다른 경우는 '셰일 오일 혁명'으로 대표되는 사례로 실제 생산량이 늘어난 때입니다. 셰일 오일(Shale Oil)은 셰일(암석) 층을 부순 후 화학 처리를 거쳐 기름을 뽑아냅니다. 현재 셰일 오일 최대 생산국은 미국입니다. 전통적인 방식이 아닌 방법으로 기름을 추출하는 기술의 발전으로 경제성을 갖게 되었습니다. 미국은 2018년 셰일 오일의 생산량이 늘어나면서 사우디와 러시아 등을 제치고 산유국 1위가 되기도 했습니다.

셰일 오일이 개발되든 거대한 유전이 발견되든 공급량이 늘어나면(=확실히 늘어날 것으로 보이면) 유가는 하락합니다. 그래서 유가가 하락할 때는 통상 두 가지 요인이 뉴스 제목에 자주 등장합니다. 산유국 사이의 갈등 그리고 중국 및 중국을 공장 삼아 사업을 하는 주요 국가(미국, EU 등)의 경기 하락입니다.

## 석유의 비탄력성

조금 더 흥미로운 이야기를 해보겠습니다. 탄력성이란 단어를 들어보셨을 것입니다. 경제에서 말하는 '탄력성'이란 가격이 오를 때 같이 변하는 수요의 정도를 뜻하는 단어입니다. '탄력적이다'라는 말은 가격이 변하면 수요가 통통 튀면서 가격 변화보다 더 큰 폭으로 움직이는 것을 말합니다. 반대인 '비탄력적이다'라는 말은 가격이 변해도 수요가 가격 변화 폭보다 적게 움직이거나 그대로인 것을 말합니다. 보통 탄력성을 설명할 때 '쌀'과 '고기' 예를 많이 듭니다. 가격이 올라도 굶지 않기 위해서 밥은 먹어야 하니 쌀은 비탄력적, 반대로 한우는 가격이 오르면 수입 쇠고기나 치킨을 먹으면 되니까 탄력적, 이렇게 됩니다.

석유는 어떨까요? 이미 답을 알고 있듯이 대표적인 비탄력적 상품입니다. 유가가 오른다고 해서 차량 이용을 줄일 수는 있겠지만 평소에 쓰던 플라스틱 페트병이나 비닐, 나아가 옷(합성 섬유로 만든) 같은 것을 줄이지는 못합니다. 이때 기업은 어떡할까요? 원유가 비탄력적이니 "가격을 올릴수록 돈을 더 벌겠네?"라고 생각할 수 있습니다. 이런 기업들이 유가가 오를 때 수혜를 보는 회사들입니다. 대표적인 곳이 원유를 정제해 석유 제품과 석유화학 산업의 원료인 나프타를 생산하는 정유사입니다. 정유사는 유가가 오르면 수요는 조금 줄겠지만 그만큼 기름(휘발유, 경유 등) 값에 반영하면 되니 손해보다 이득을 볼 확률이 높습니다. 유가가 고공 행진 할 때, 모든 사람이 '죽겠다'고 소리 지르는 상황에서도 정유사의 실적은 좋은 이유가 이 때문입니다. 그런데 이때 정유사가 취하는 이익에 대한 기사는 거의 나오지 않습니다. 유가가 다시 안정되어 살 만해지면 그때서야 '정유사 최대 실적'같은 비판 기사가 등장합니다. 이런 일이 반복되다 보니 정유사에 '횡재세'를 물려야 한다는 얘기도 나옵니다. 횡재세는 '뜻하지 않은 사건으로 보게 된 큰 이득'(=횡재)에 물리는 세금을 말합니다.

원유 가격에 가장 탄력적으로 대응하는 기업은 항공사입니다. 원유는 비탄력적이지만 항공유라는 좁은 관점에서는 탄력적입니다. 유가가 오르면 항공유가 오르고 유류세를 비롯해 여행 비용 전부가 오릅니다. 밥은 안 먹을 순 없고 플라스틱도 안 쓸 순 없지만, 해외여행은 안 갈 수 있습니다. 그래서 항공유 가격이 오르면 해외여행 비용이 따라 오르면서 여객 수요는 금방 줄어들게 됩니다. 하지만 항공사 입장에서는 좌석이

비더라도 비행기는 띄워야 합니다. 그러다 보니 유가 인상 시기에는 '항공사 울상'이란 기사를 자주 보게 됩니다.

―――

정리해보겠습니다. 원유의 가격 역시 시장의 수요와 공급에 따라 변합니다. 개인적으로 원유의 가격 변화에 직접 대응해 효과를 보는 방법은 거의 없습니다. 필수품이기 때문입니다. 그나마 개인적으로 에너지를 적게 쓰는 라이프스타일로 바꾸는 정도입니다. 쉽게 말해 더 불편하게 지내는 방식입니다.

내연 기관(자가용)의 이용을 줄이고 에너지 효율도가 높은 조명 기구로 바꾸는 것 등 사소해 보이는 것부터 꾸준히 바꿔나갑니다. 그리고 사회적으로는 집을 지을 때 에너지 효율도를 높이도록 건축법을 고치고, 친환경 자동차 비중을 늘리는 것 등을 생각해볼 수 있습니다. 공동체에서는 대중교통을 더 광범위하게 연결하는 정책을 만들고 지지하는 것, 석유 화학 제품(플라스틱, 과포장 등)의 사용을 줄이는 것, 관련 연구와 교육에 더 많은 세금을 사용하는 정당을 지지하는 것 등을 들수 있습니다.

결론적으로 얘기해, 에너지 문제는 개인의 문제이자 모두가 같이 해결해야 할 사회적 문제입니다. 나의 편리함을 일부 포기하고 반대로 비용은 조금 늘어나도 이에 대해 동의하는 자세가 필요합니다. 화석 연료에 의존하는 경제 구조는 적어도 30~40년은 더 지속하겠지만 영원할 수는 없습니다.

# 4
# 유가의 변화는
# 각종 금융 지표까지도 흔든다

## 유가와 금리

경제는 서로 연결되어 있습니다. 물가가 크게 움직이면 경기가 요동치고 정부에서는 대응책을 준비합니다. 정부의 대응책은 크게 재정과 통화로 나눕니다. 재정 정책이란 정부 수익의 원천인 세금을 거둬들이거나 사용하면서 나라 살림(재정)을 운용하는 것입니다. 예를 들어 위한 지원금을 주는 것, 특정 업종의 세금을 깎아주는 것 등 입니다. 통화 정책이란 엄밀히 말해 정부와는 독립적인 한국은행의 역할입니다. 한국은행은 시중에 풀린 돈의 양을 조절해 경기와 물가를 관리합니다. 기준 금리를 높이거나 낮추는 정책으로 경기를 조절합니다.

유가가 오르면 물가가 오르고, 그러면 인플레이션의 위험이 있다고 했습니다. 이럴 때 한국은행은 물가를 잡기 위해 기준 금리라는 카드를 만지작거리게 됩니다. 시중에 풀려 있는 돈의 양을 줄여 물가를 낮추는 방법입니다. 돈의 양을 줄이기 위해서는 돈을 쓰기보다 은행에 저금하도록 유도하고 돈을 쉽게 빌리지 못하도록 해야 합니다. 이 방법이 바로 기준 금리의 인상입니다. 개인 입장에서 금리가 높으면 위험한 투자보다 안전한 예금에 투자하는 것이 낫다고 생각합니다. 그리고 돈을 빌리기에도 부담스러우니 어지간하면 안 쓰고 참게 됩니다.

금리와 대출 그리고 물가의 관계를 보여주는 좋은 예시가 부동산 시장입니다. 부동산 가격(≒물가)이 오르면 정부에서는 대출할 수 있는 금액의 양을 줄이거나(예를 들어, DSR를 강화합니다. DSR은 대출 상환 능력을 평가하는 지표입니다.) 주택담보대출 금리(≒금리)를 은행들이 높이도록 유도합니다. 이렇게 되면 투자(≒ 부동산 구매)에 쓸 수 있는 돈의 양이 줄어들면서(≒통화량 감소) 부동산 가격이 안정화되고 추가 상승을 막는 효과가 생깁니다. 개인뿐만이 아니라 기업도 비슷합니다. 금리가 높아지면 이자에 대한 부담으로 차입과 투자를 줄이게 됩니다. 이처럼 기준 금리를 높이면 시중에 풀려 있는 돈이 자연스럽게 금고로 들어가게 되고, 유통되는 돈의 양이 줄어들면서 인플레이션이 잡히게 됩니다.

기준 금리는 우리나라의 경제 상황만 보고 결정하지 않습니다. 세계 경제는 연결되어 있기 때문에 다른 나라 그중에서도 전 세계 경제를 쥐락펴락하는 미국의 기준 금리를 보면서 결정합니다. 미국에서 기준 금리를 결정하는 곳은 '연준'입니다. 연준은 우리나라의 한국은행 역할을 하는 조직으로 '연방준비제도'(Fed, Federal Reserve System)라고 부릅니다. 한국은행처럼 '미국은행' 이렇게 부르지 않고 연방준비제도라는 다소 특이한 이름을 사용합니다.

2020년 각국 정부는 코로나 전염병으로 위축된 소비 활동을 진작시키고, 각종 규제 등에 대한 보상책의 일환으로 돈을 많이 풀었습니다. 코로나가 잠잠해지면서 경기가 살아날 기미가 보이자 시중에 풀려 있던 돈은 물가를 급속히 끌어 올리는 역할을 했습니다. 이러한 현상은 전 세계로 퍼졌습니다. 미 연준은 무섭게 오르는 물가를 잡기 위해 2022년부터 기준 금리를 계속해서 높여갔습니다. 그러다 2024년 9월, 드디어 물가가 잡혔다는 생각이 들자 연준은 기준 금리를 0.5%p 낮추는 '빅 컷'을 단행했습니다. 금리를 높이는 것은 물가를 잡는 데 도움이 되지만, 시중에 필요 이상으로 돈이 돌지 않는 부작용을 낳기도 합니다. 그러면 경기가 다시 침체할 수도 있습니다. 이처럼 각 나라의 중앙은행은 물가와 경기 침체라는 양 극단의 문제를 해결하기 위해 기준 금리라는 수단을 사용합니다.

연준이 기준 금리 결정 뉴스에는 항상 금리 결정의 이유가 따라옵니다. 물가상승률이 낮아져서 금리 인하를 결정했다든지, 중동 전쟁으로 유가가 불안해 계속해서 물가를 자극하고 있으며 경기 침체가 예상되지만 당분간 기준 금리를 동결한다든지, 하는 설명이 붙습니다. 이를 간단히 얘기해보면 유가가 오르면 물가도 오르고, 물가가 오르면 물가를 안정화하기 위해 금리도 오르는 경향으로 이어지고, 반대로 유가가 내리면 물가가 안정되니 금리가 낮아진다고 요약할 수 있습니다.

## 유가와 주가

유가와 주가와의 관계도 단순화해서 설명해보겠습니다. 유가가 떨어져 금리가 낮아지면 시중에 돈이 풍성해지니 사람들의 소비가 늘고 기업의 매출도 올라가니 투자가 늘면서 전반적으로 경기가 좋아집니다. 경기 호황으로 기업들의 매출이 늘면 기업의 가치를 반영하는 주가도 오르게 됩니다. 반대로 유가가 높아져 금리가 따라 오르면 시중에 돈이 마르면서 소비가 줄고 투자가 줄어들어 결국 경기는 가라앉게 됩니다. 경기가 가라앉으면 기업의 수익도 줄어들 테니 실적이 나빠지면서 주가도 내려가는 경향을 보입니다. 이 흐름을 간단히 정리하면 다음과 같습니다. "유가 인상 → 물가 인상 → 기준 금리 인상 → 경기 침체 → 주가 하락" 그리고 그 반대로는 "유가 인하 → 물가 안정 → 기준 금리 인하 → 경기 상승 → 주가 상승". 물론 이렇게 정리했다고 해서 유가가 오르면 무조건 물가가 오르고, 기준 금리가 높아지고, 주식 시장이 안 좋아질 것이라고 오해하면 안 됩니다. 이론적으로는 위의 연결 고리처럼 작동할 가능성이 크다는 의미이지 '1 + 1 = 2'처럼 한 가지 답만 있다는 뜻은 아닙니다. 유가가 경기에 끼치는 영향이 매우 크다는 것을 강조하고자 했을 뿐입니다. 유가가 모든 경제 상황을 결정한다는 선언은 아닙니다.

## 유가와 금(金)

유가와 금의 관계까지 상상력을 키워볼까요? 금은 대표적인 안전 자산입니다. 안전 자산이란 경기가 좋지 않은 상황에도 가치를 유지하는 그래서 경기 침체 때 내 자산을 까먹지 않을 가능성이 높은 자산이라는 의미입니다. 대표적인 안전 자산으로 금과 미국 달러(및 달러 표시 자산)를 많이 꼽습니다. 두 자산은 상호 보완 관계에 있습니다. 달러의 가격이 떨어지면 금의 가격은 오르고, 금의 가격이 떨어지면 달러의 가격은 오릅니다. 안전 자산끼리 서로 안전 장치를 두는 것이라고 할 수 있습니다.

유가가 금값에 영향을 끼치는 경우를 생각해 보겠습니다.

유가가 오르면 경기는 침체하고 불안해집니다. 경기가 불안해진다는 것은 주식 시장도 침체하고, 다른 실물 자산의 가치도 내려간다는 의미입니다. 이때 금이 빛나기 시작합니다. 금은 '가치를 담고 있는 자산' 그 자체입니다. 그리고 부동산이나 달러의 가치가 낮아질 때도 금의 가치는 상대적으로 올라갑니다. 사람들은 가격이 하락하는 자산 대신 존재(?) 자체로 가치를 지니고 있는 금을 더 선호하기 때문입니다. 그리고 금의 수요가 늘면 당연히 금값도 오릅니다.

이제 반대로 유가가 내리는 경우도 살펴보겠습니다. 유가가 떨어지면 경기는 살아납니다. 경기가 살아나면 주식 시장도 오릅니다. 그리고 투자가 활발해지면서 위험성 있는 자산들도 재평가됩니다. 더 큰 수익을 얻을 수 있다면 위험성이 있는 주식이나 부동산 등으로도 돈이 몰리며 가치가 오르게 됩니다. 이때 금의 가치는 상대적으로 덜 돋보입니다. 왜냐하면 사람들은 금보다 더 많이 상승할 것 같은 곳으로 시선을 돌리기 때문입니다. 그러면 금에 대한 수요는 줄어들게 되고 금값은 낮아지게 됩니다.

## 유가와 수지

이번에는 수지 측면에서 살펴보겠습니다. 수지(收支)란 수입
(收入)과 지출(支出)의 약자로 장사를 얼마나 잘했는지 수치로
보여주는 것을 말합니다. 여기서 수입은 수출의 반대말인 외
국에서 물건을 들여온다는 뜻의 수입(輸入)이 아니라 "오늘은
(장사로) 수입이 늘었네"라고 할 때의 '벌어들인 돈'을 뜻합니
다. 반대말은 '나가는 돈'인 지출입니다. 즉 수입과 지출의 줄
임말인 '수지'는 '나간 돈과 들어온 돈'을 의미합니다. 뉴스에
자주 등장하는 것으로 경상수지와 무역수지가 있습니다.

경상수지(經常收支)는 상품의 수출 수입을 포함하며 서비스
및 다른 모든 돈거래를 합친 것을 말합니다. 상품이건 서비스
이건 간에 우리나라의 사업 실적입니다. 여기서 적자가 발생
하면 우리는 사업을 잘못한 셈이 됩니다. 그리고 무역수지(貿
易收支)는 상품의 수출과 수입에 따른 수지입니다. 경상수지
와 무역수지를 다시 비교해보면 모든 서비스와 상품 등을 다
루는 경상수지가 상품만을 다루는 무역수지보다 더 큰 개념
입니다. 즉 '경상수지 ⊃ 무역수지'입니다. 그래서 수출(무역)
이 흑자라도 경상수지는 적자가 될 수 있고, 수출(무역)이 부
진했더라도 경상수지는 흑자가 될 수 있습니다.

전통적으로 우리는 수출로 먹고사는 나라라는 인식이 있
습니다. 내수는 별것 없고 수출만 중요하다, 그런 뜻이 아니

라 내수 시장이 작아서 상대적으로 수출이 중요하다는 뜻입니다. 하지만 상품 외 서비스나 소득 수지의 비중도 점점 커지고 있는 추세라 경상수지와 무역수지는 구분해서 볼 필요가 있습니다. 경상수지와 무역수지 관련해서 뉴스 읽기 팁을 드리자면, '수출 비상' 같은 뉴스는 항상 무역수지를 근거로 월초에 나오고, 한 달쯤 지나고 나면 경상수지가 좋다 혹은 나쁘다는 뉴스가 다시 나옵니다. 수출 실적이 안 좋았던 최근 (2023년, 2024년)까지는 '무역수지 비상'이란 뉴스가 쏟아져 나오고 조금 시간이 지나서는 '경상수지 최악은 아니야!'라는 식으로 기사가 났습니다.

수출이 늘어 무역수지가 흑자가 되는 경우는 있지만, 수입이 줄어 무역수지 흑자가 되는 경우는 잘 없습니다. 그 이유는 원유 때문입니다. 앞서도 말씀드렸지만, 우리는 경제 상황과 크게 상관없이 일정량의 원유를 수입해야 합니다. 그만큼 원유가 우리나라 경제에 미치는 영향은 상수(常數, 변하지 않는 값)입니다. 사실, 경상수지와 무역수지에는 이 책에서 다루는 원유, 달러, 반도체가 결정적 영향을 끼칩니다. 단순하게 말씀드려 보면 반도체는 수출액에, 유가는 수입액에 가장 큰 변수가 됩니다. 마지막으로 달러(환율)는 수출액과 수입액에 버프(buff, 강화)와 너프(nerf, 약화)를 주는 역할을 합니다. 원유가의 변동이 없더라도 환율 때문에 유가가 오르거나 내리는 효과가 생기기 때문입니다.

———

지금까지의 설명만 들으면 마치 유가 만물설처럼 보입니다. 유가로 인해 모든 것이 다 변동하는 것 같습니다. 유가가 무역 수지나 경상수지에도 영향을 주는 것 같습니다. 하지만 경제 는 그렇게 단순하게만 움직이지는 않습니다. 여러 가지 요소 들이 서로 복합적으로 작용하고 연결되어 서로에 영향을 끼 칩니다. 지금은 유가를 중심으로 다른 경제 상황을 살펴보는 중이라 유가의 오르고 내림에 따라 다른 요소들의 변동성을 살펴보았지만 변동 주체가 금리가 될 수도 있고, 실물 경기 흐 름(수입, 수출, 소비 규모 등)이 될 수도 있습니다. 유가 역시 다 른 요소에 의해 변동된다는 사실을 잊으면 안 됩니다. 그래서 경제는 복잡하고 어렵습니다. 유가로부터 파생되는 경제 변동 을 이해한다면 어려운 경제를 해석하는 좋은 수단 하나를 갖 게 되었다 정도로 생각하셔도 됩니다.

# 5

# 석유를 둘러싼 정치경제
# - 중동

**석유의 중심, 중동**

그동안 원유와 관련해 경제적 관점의 이야기를 했다면 이번에는 정치적인 내용과 역사 이야기를 해보겠습니다. 개념을 다루는 내용은 아니니 조금 더 수월하게 읽을 수 있을 것 같습니다.

중동(中東, Middle East)은 지중해 동쪽부터 페르시아만까지 영역을 포함하는 아시아 서부 대륙을 뜻합니다. 이 지역이 석유를 둘러싼 정치 경제의 중심이 된 이유는 석유가 그곳에 있기 때문입니다. 강대국들은 석유라는 필수재를 힘의 지렛대로 사용하면서 실력 행사를 합니다. 그래서 중동 지역은 자의

든 타의든 뉴스에 자주 등장합니다. 석유가 뉴스의 중심으로 자주 등장하기 시작한 데에는 여러 사건이 있었지만 '오일쇼크'(=석유 파동)부터 살펴보는 것이 좋을 것 같습니다. 특정 국가만이 아닌 전 세계적 빅 이벤트였던 오일쇼크를 분기점으로 지금의 석유 기반 정치, 경제 구조가 완성되었다고 할 수 있습니다.

일단, 왜 중동이 유가와 가장 밀접한지 숫자부터 살펴보겠습니다. 2022년 기준, 세계 원유 생산량인 90만 배럴 중 약 31%(약 28만 배럴)가 중동에서 나옵니다. 북미는 약 27%(약 24만 배럴), 러시아는 약 15%(약 14만 배럴)를 생산합니다. 이렇게 세 지역이 전 세계의 73%를 차지합니다. 숫자만 보면 중동에서의 생산량이 그렇게 크다고 볼 수는 없는 것 같습니다. 그런데 중동의 영향력은 왜 이렇게 큰 걸까요? 그것은 중동에서 생산하는 석유가 전 세계(특히, 아시아)로 공급되기 때문입다. 북미산 원유는 미국에서 생산되고 미국에서 사용됩니다. 러시아산 원유는 주로 유럽에서 사용하지만 지금은 수출이 공식적으로 막혀 있는 상황입니다. 이런 이유 등으로 전 세계 주요 석유 소비국가들에게 가장 중요한 공급처 역할은 중동이 담당하고 있습니다.

여기서 잠깐! 사람들이 잘 모르는 것이 있는데, 현재 세계 최대 산유국은 미국입니다(중동 국가나 러시아가 아닙니다). 미국이 최다 산유국이 된 데에는 2010년대에 시작된 셰일 오일에 있습니다. 미국은 2010년대부터 기술과 비용 문제 등으로 캐내지 못하던 셰일 오일을 상업적으로 캐내기 시작했습니다. 자국 생산량이 많아지자 미국 입장에서는 중동의 중요성이 이전보다 조금 낮아졌습니다. 근데 아주 조금 낮아졌을 뿐이지 중동에 대한 관심과 정치적 영향력은 여전합니다.

## 오일쇼크

중동 지역의 석유가 본격 개발되던 1900년대 초, 유럽을 비롯한 서방의 주요 강대국들은 개발을 빌미로 중동에 가서 석유탐사권(채굴권)을 차지하기 시작했습니다. 석유를 개발하기 위해서는 기술과 자본이 필요한데, 당시의 중동 국가들은 그럴만한 수준이 되지 못했습니다. 20세기 초 자동차의 개발과 발전, 2차 세계대전에서의 무기(전함, 탱크, 비행기 등) 등의 발전으로 석유는 중요한 전략 자원이 되고, 수요도 폭발적으로 증가했습니다. 이러한 수요 폭발에도 중동의 산유국들은 별다른 목소리를 내지 못했습니다. 그러다 자신들의 권리를 찾기 위해 1960년 뒤늦게 산유국 모임을 결성합니다. 바로 OPEC의 등장입니다.

중동을 비롯한 산유국은 OPEC 결성 이후 바로 자신의 힘을 보여주진 못했지만, 이후 있을 두 번의 오일쇼크는 이들의 힘을 전 세계에 각인시키는 계기를 마련합니다. '오일쇼크'란 한마디로 낮은(지나치게 저렴한) 가격으로 판매되던 석유 가격이 폭등해서 벌어진 경제적 충격을 말합니다. 첫 번째 오일쇼크는 1973년에서 1974년 사이에 발생했습니다. 이유는 중동 전쟁(4차) 때문입니다.

사람들이 자주 하는 이야기 것 중에 "역사적으로 뭔가 이상한 일이 있으면 영국 때문이다"라는 말이 있습니다. 1차 세계 대전 중 영국이 오스만 제국과 싸울 때 영국은 팔레스타인 사람들에게 가서 "우리를 도와주면 나중에 팔레스타인 나라를 세울 수 있도록 돕겠다"라는 공언을 합니다. 그런데 유대인들에게도 똑같은 약속을 합니다. 하나의 땅에 살고 있는 두 민족에게 각각 나라를 세워주겠다는 말도 안 되는 약속을 한 것입니다. 그 결과, 우리가 지금 너무나도 잘 알고 있는 대로 끊임없는 전쟁과 다툼이 벌어지는 거대한 화약고가 중동에 만들어집니다.

1948년 이스라엘이 건국을 선언하자 이를 인정하지 못하는 주위의 중동 국가들이 이스라엘에 쳐들어가면서 1차 중동 전쟁이 시작됩니다. 이후 네 차례에 걸쳐 중동 전쟁이 일어납니다. 두 민족의 서로를 향한 악감정은 현재까지도 남아 있습니다. 최근(2023년부터 시작된) 벌어진 이스라엘-팔레스타인(하마스) 전쟁도 이스라엘 건국 그리고 그 이전의 영국의 양다리 협상까지로 그 기원이 올라갑니다.

중동의 산유국(사우디아라비아, 쿠웨이트, 이란, 이라크)과 남미의 베네수엘라는 2차와 3차 중동 전쟁 사이 시기에 해당하는 1960년에 자신들의 이익을 위해 OPEC을 결성합니다. 4차 중동 전쟁 때(1973년) OPEC은 이스라엘을 편드는 국가들에게는 석유를 공급하지 않겠다며 감산 정책을 펼칩니다. 원유 가격을 올려 이스라엘을 돕는 나라들에 고통을 주겠다는 전략이었습니다. 당시 1배럴당 약 3달러였던 석유 가격은 12달러로 네 배나 폭등을 합니다. 이것이 첫 번째, 오일쇼크입니다. 이때부터 중동은 석유를 무기화하여 산유국의 이익을 관철합니다. 그리고 OPEC의 대표격인 사우디아라비아는 미국과 협정을 맺고 오로지 미국 달러로만 원유 결제를 한다는 '페트로 달러'(Petro Dollar) 체제를 만듭니다. 혼란스러운 중동 정세 속에서 세계 최강의 군사력을 보유한 미국으로부터 자국을 보호받는 대신 안정적으로 석유를 공급한다는 협정이었습니다. 몇 차례 중동 전쟁과 1차 오일쇼크 이후 양국의 이해관계가 맞아서 벌어진 입니다. 일종의 비즈니스 파트너(동맹)가 된 것입니다.

두 번째, 오일쇼크는 1978년에서 1980년 사이에 발생합니다. OPEC에서 석유가격을 올리기로 한 것에 더해 이란의 이슬람 혁명 과정에서 대규모 석유 감산 및 수출 중단이 결합되면서 시작되었습니다. 여기에 더해 1980년에 터진 이란-이라크 전쟁으로 공급 불안은 극대화 되었습니다. 공급이 불안해지자 가격이 오르는 것은 당연한 일이었습니다.

## 미국의 중동 관리

'쇼크'라는 말에서부터 알 수 있듯 두 번의 석유 파동은 전 세계 경제에 엄청난 충격을 쳤습니다. 그리고 이때부터 미국의 중동 관리가 본격적으로 시작됩니다. 미국은 더 이상 석유 때문에 자기네 경제가 흔들리거나 위협받는 것을 두고 볼 수가 없었습니다. 오일쇼크 이후 사우디아라비아와 밀접한 관계(앞서 얘기했던 페트로 달러 체제)를 설정한 후 1990년도에는 걸프전, 2000년대에는 이라크 전쟁을 통해서 직접 중동에 개입했습니다. 그리고 지금도 이란에 경제 제재를 가하고 있습니다. 표면적인 이유는 이란의 핵 개발 때문입니다만 속내는 더 복잡합니다. 이란은 사우디아라비아와 함께 대표적인 중동 지역의 강국입니다. 그렇기 때문에 이란의 힘이 강해질수록 미국 영향력은 줄어듭니다. 결국 이 모든 일의 근본은 중동 지역에서의 미국의 영향력을 유지하기 위한 것이라고 볼 수 있습니다.

　그렇지만 최근 들어 중동을 꽉 쥐고 있던 미국의 그립이 조금 약해지고 있습니다. 셰일 오일로 스스로 최대 산유국이 되었고, 중동 국가 중심의 OPEC에 러시아 등 다른 산유국이 더

해져 OPEC+가 만들어졌기 때문입니다. 이 틈을 노리고 중국이 중동과 우호적인 관계를 맺기 시작했습니다. 현재 중동의 석유를 가장 필요로 하는 지역이 아시아이고 그중에서도 중국이다 보니 중동 입장에서도 큰 손을 외면할 수가 없었습니다. 석유를 둘러싼 중국에 대한 이야기는 뒤쪽에서 자세히 다루도록 하겠습니다.

———

정리해보겠습니다. 복잡한 정치 이야기를 무척 짧게 요약하다 보니, 설명이 좀 부족했을 것 같습니다. 이스라엘과 중동의 분쟁이 전 세계적인 관심을 받는 이유는 전 세계로 연결되는 석유 수급에 악영향을 끼칠까 하는 우려 때문입니다. 중동의 석유를 둘러싼 주요 플레이어들은 OPEC과 미국입니다. 특히 중동 국가 중 사우디아라비아와 이란을 눈여겨봐야 합니다. 이 두 나라는 중동지역에서 가장 힘이 센 국가이면서 친미와 반미, 수니파와 시아파, 아랍인과 페르시아인으로 서로 앙숙 관계를 갖고 있습니다. 이들 두 나라는 우리나라에 직접적인 영향을 미치는 국가입니다.

중동의 불안정한 정치·군사적 상황은 곧바로 우리나라의 유가에 영향을 미칩니다. 유가 상승은 물가 인상, 무역수지 악화 그리고 경제 성장 둔화로 이어집니다. 그렇기 때문에 중동 정세에 대한 이해는 경제 공부에 필수적입니다. 그리고 중동을 바라볼 때 하나의 고정된 시각으로 보는 것을 의도적으로 피해야 합니다. 중동의 정세는 역사적 정치적으로 얽히고설킨 것이 많기 때문입니다.

# 6

# 석유를 둘러싼 정치경제
# - 미국, 베네수엘라

## 유가 지표

원유 가격을 나타내는 지표는 전 세계적으로 세 가지가 있습니다. 첫 번째는 '서부 텍사스 중질유'(WTI)입니다. 미국의 원유 가격입니다. 미국에서 나는 석유는 대부분 자국 내에서 소비되기 때문에 다른 나라의 구매 가격과 직접적인 연관성은 없습니다. 하지만 미국 경제가 세계 경제를 움직이는 대표 선수이듯, 세계 최대 선물시장인 뉴욕상품거래소에서 국제 유가를 대표하는 지수로 사용됩니다. 전 세계 주식 시장을 대표하는 지수가 미국 뉴욕증권거래소의 S&P 500과 다우지수인 것과 비슷합니다. 그다음은 북해 지역에서 생산되는 '브렌트유'로 유럽과 아프리카 지역의 유가와 관련이 있습니다. 북해는 영국과 노르웨이 사이의 바다입니다. 지역명에서 알 수 있듯 해상 유전입니다. 해상 유전이 본격적으로 개발된 것은 바로 앞에서 살펴봤던 두 차례의 오일쇼크와 관련이 있습니다. 유럽에서는 오일쇼크를 뛰어넘을 방법으로 개발 위험도가 높지만 해상 유전을 선택했습니다. 오일쇼크로 인한 유가 상승이라는 경험이 없었다면 아마도 개발되지 않았을지도 모릅니다. 다음으로 우리나라를 비롯한 아시아 지역의 기준이 되는 '두바이유'입니다. 두바이는 아랍에미리트에 있는 곳으로 페르시아만에서 생산된 원유 중 생산과 거래가 동시에 가능하기 때문에 원유 가격 지표 중 하나로 활용됩니다. 우리나라에서 소비하는 원유의 70%는 중동산 석유로 두바이유 가격에 따라 수입가가 정해집니다.

## 최대 산유국, 미국

세계 최대 산유국이자 실제 전 세계 원유 패권을 쥐고 있는 숨은 오일킹 미국 이야기를 시작해보겠습니다. 앞에서도 몇 번씩이나 얘기한대로, 미국은 2010년대 원유 가격이 오르자 셰일 오일에 주목합니다. 셰일 오일이 그동안 주목을 받지 못한 이유는 기술 문제도 있지만 경제성(채굴 비용이 비싸다) 문제와 환경적 문제가 컸기 때문입니다. 기술은 어느 정도 확보된 상황에서 경제성으로 고민하던 셰일 가스 회사들이 유가가 오르는 것을 보고 본격적으로 채굴을 시작했습니다. 바로 "셰일 오일 혁명"입니다. 혁명이라고까지 이름을 붙인 이유는 미국의 등장으로 석유를 둘러싼 힘의 관계가 바뀌기 시작했기 때문입니다. 미국은 셰일 혁명으로 인해 최대 산유국 지위에 오르게 됩니다. 세계 최대 군사 강국이면서 달러라는 기축통화로 금융 패권을 쥐고 있고, 세계 최대 산유국에까지 오르며 원유 가격까지도 조절할 수 있는 능력을 갖게 된 것입니다. 미국으로서 혁명이라 말하지 않을 수 없습니다.

미국은 OPEC에서 석유를 감산하는 결정을 해서 가격이 오를 것 같으면 셰일 오일을 더 캐냅니다. 반대로 가격이 떨어지면 생산을 줄입니다. 그러면서 경쟁국인 중국과 러시아를 석유로 견제하는 것을 멈추지 않습니다. 최근 미국의 셰일 오일 회사들은 급격한 성장에서 안정적인 수익 추구 방향으로 사업 기조를 전환하고 있습니다. 이유는 '환경 문제'로 이슈화되면서까지 회사를 키울 필요는 없다고 생각해서입니다. 적절한 관리로 안정적인 성장을 하는 것이 더 낫다고 여기고 있습니다. 이런 결정 뒤에는 셰일 오일로 유가가 급격히 하락하는 것을 목격했기 때문이기도 합니다.

미국은 셰일 오일 혁명 이후 에너지 정책을 다른 방향으로 틀고 있습니다. 바로 환경문제를 앞세운 재생 에너지입니다.

미국의 우방인 유럽이 든든한 친구 역할을 자임하고 있습니다. 재생 에너지를 강력하게 추진하는 이유는 지구의 환경을 걱정하는 아름다운 마음도 있지만, 앞으로의 패권을 잃지 않기 위함입니다. 석탄에서 석유로 에너지 패권이 넘어왔고 언제가 고갈되어 없어질 원유에서 재생 에너지로 넘어가는 것은 피할 수 없는 흐름이기 때문입니다. 미국은 그 시기나 방법을 직접 정하고 싶어 합니다.

재생 에너지의 시대가 와서 친환경 에너지를 사용하게 되면 지구인 모두가 행복할까요? 먼 미래에는 그럴지도 모르겠지만, 당장 석유로 먹고사는 나라들은 밥줄이 끊어지는 소식입니다. 중동의 대표적인 산유국인 사우디아라비아가 석유 이후 시대의 생존을 위해 대규모 개발 프로젝트인 '네옴시티'(사막 한 가운데에 건설하는 친환경 도시)의 추진과 미국의 심기를 건드리면서까지 중국과 친하게 지내는 배경에는 포스트 석유 트렌드(석유 다음 시대)에서 살아남기 위한 이유가 있습니다.

당분간 원유의 사용량은 줄지 않을 것입니다. 왜냐하면 재생 에너지가 대체할 수 있는 부분이 '발전' 부문 말고는 거의 없기 때문입니다(사실 석유로 전기를 생산하는 곳은 거의 없습니다). 발전 부문만 놓고 본다면 석유 대신 석탄 사용을 줄일 여지가 더 커 보입니다. 석탄을 사용해 전력을 가장 많이 생산하는 나라는 중국입니다. 우리나라나 일본도 전체 전력 개발의 약 1/3 정도를 화력 발전으로 충당합니다. 석유 사용을 줄이려면 발전보다도 수송 부문을 대체하는 기술 개발이 더 시급한 이유입니다. 전기자동차가 빠르게 발전하고는 있지만, 배터리 화재 등 안전성의 문제로 최근 캐즘에 빠져있습니다. 재생 에너지 사용이 늘어나고 전기 배터리나 전기자동차 보급이 더 활성화되기 전까지는 원유 사용량이 유의미한 수준으로까지 줄어들지는 않을 것 같습니다. 당장 비닐과 플라스틱을 포기한다는 건 불가능한 일이고요. 그리고 재생 에너지로 전환하는 데 드는 비용이 생각보다 높아 '천천히 바꾸자'는 여론도 큽니다. 하지만 기술은 언젠가 개선될 것이고, 대체 에너지로의 전환도 시간 문제입니다.

## 원유는 많지만 가난한 나라, 베네수엘라

이번에는 남아메리카의 주요 산유국 중 하나인 베네수엘라에 대해 살펴보겠습니다. 베네수엘라는 1960년 OPEC 창립국이기도 합니다. 베네수엘라가 속해있는 남미는 1900년대 초부터 '미국의 앞마당'으로 불릴 정도로 미국의 절대적인 영향력 아래에 있었습니다. 미국은 남미 여러나라의 정치에 개입했으며 정치 공작은 물론이고 직접적인 무력 행사까지도 서슴지 않았습니다. 대표적인 사건이 1980년대 레이건 대통령 시대에 벌어진 니카라과의 콘트라 반군 지원 사건입니다. 이외에도 중동의 수에즈 운하(유럽의 지중해와 아시아의 홍해를 연결하는)와 같은 역할을 하는 파나마 운하(대서양과 태평양을 연결하는)의 관리권을 유지하다 1999년이 되어서야 파나마에 돌려주기도 했습니다. 그리고 남미의 또 다른 나라인 쿠바도 거의 미국에 대항했다가 혹독한 경제 침체를 경험하고 있습니다. 이처럼 중남미의 많은 나라가 미국과 악연을 가지고 있습니다. 베네수엘라도 예외가 아닙니다.

베네수엘라는 OPEC의 창립 멤버 5개국 중 유일한 비중동 국가입니다. 석유 매장량은 전 세계에서 가장 많다고 알려져 있습니다. 그리고 이 나라의 거의 유일한 수출 상품이기도 합니다. 베네수엘라와 미국 그리고 석유 산업의 관계를 종합적으로 이해하려면 4선 대통령 우고 차베스를 알아야 합니다. 1998년 선거에서 승리한 후 차베스는 2013년 사망할 때까지 약 14년간 베네수엘라를 다스렸습니다. 그는 대표적인 반미 정치인이었습니다. 첫 번째 대선에서 승리한 차베스는 1998년 외국 메이저 석유 회사들의 지분을 매입해 국영석유기업(PDVSA)을 세우고 본격적인 석유 국유화에 돌입했습니다. 그러면서 전 세계적인 석유 감산을 주도했습니다. 생산량을 줄이면 원유값은 오르게 됩니다. 당시 베네수엘라의 가장 큰 고객은 미국이었습니다. 미국 입장에서는 유가의 상승이 달가울 리가 없었습니다. 그뿐만 아니라 차베스는 미국의 아프카니스탄 침공을 비판하는 등 미국의 심기를 건드리는 발언을 끊임없이 했습니다. 차베스 대통령이 쿠데타로 잠시 권좌에서 밀려났을 때는 미국이 쿠데타 세력을 옹호할 정도로 양국 관계는 좋지 않았습니다. 차베스 대통령은 국유화한 석유 회사로 번 수익금을 국민에게 선심성 예산으로 풀어 영웅이 되지만, 미국으로부터는 사사건건 시비를 거는 악당이자 악의 축으로 낙인 찍히게 됩니다. 베네수엘라의 이런 자신감에는 "자꾸 우릴 괴롭히면 원유 수출 안 해!"라는 배짱이 있었습니다.

미국은 이런 베네수엘라에게 본때를 보여주고 싶은데 마땅한 명분이 없었습니다. 그러다 꼬투리를 하나 찾아냅니다. 차베스 대통령이 사망하고 뒤를 이은 마두로 대통령(차베스와 마찬가지인 반미 성향)이 선출되는 선거가 부정 선거였다는 이유였습니다. 이를 계기로 미국은 베네수엘라에 경제 제재를 가하기 시작합니다. 제재 방법은 미국의 동맹국을 비롯한 우호국들에게 베네수엘라의 석유 국영기업과 거래를 하지 못하도록 막는 것이었습니다. 베네수엘라 유일의 수출 상품인 원유를 아예 팔지 못하게 한 것입니다. 미국이 이렇게 자신 있게 제재 조치를 한 데에는 셰일 오일의 힘도 있었습니다. 두 국가 사이의 험악했던 분위기는 최근 트럼프 대통령의 재집권으로 변화될 조짐이 보입니다. 화석 연료를 중시하는 실리주의자 트럼프 정부라면 베네수엘라의 석유를 얻기 위해 적당한 거래를 할 것이라는 추측이 가능합니다.

베네수엘라는 세계에서 손꼽히는 석유 매장량을 가지고 있으면서도 별다른 산업을 일으켜 경제 성장을 만들어내지 못했습니다. 계속해서 석유에만 의존한 경제를 꾸려왔습니다. 유가가 높을 때는 선심성 예산으로 국민들도 행복하고 국가 경제도 버틸만했지만, 유가가 낮을 때는 그렇지 못했습니다. 그리고 세계 최고 강대국인 미국과의 관계 설정도 제대로 하지 못해 커다란 시장을 잃은 것은 물론이고, 정치적으로도 힘겨운 시간을 겪고 있습니다.

원유라는 엄청난 자원을 갖고 있지만 여전히 국민들은 극도의 인플레이션의 겪으며 어려운 삶을 살고 있습니다. 경쟁력 있는 상품은 오직 석유 뿐입니다. 하지만 현재의 체제를 유지하기 원하는 권력자들은 민심을 외면하고 있습니다. 이런 모습은 중동 국가들과도 비슷하게 느껴집니다.

───

정리해보겠습니다. 원유의 시대를 벗어나기 위해 미국과 EU는 친환경 재생 에너지를 포스트 석유 시대의 화두로 내세우고 있습니다. 이에 중동 산유국들은 존재의 위협을 느끼며 독자적으로 생존 방안을 찾는 중입니다. 정치적으로는 미국과 유럽의 영향력을 벗어나기 위해 중국과 친해지고, 경제적으로는 네옴시티 같은 새로운 프로젝트를 통해서 새 시대를 맞이할 준비를 하고 있습니다.

미국과 중동 국가들 사이의 관계가 지금처럼 계속해서 안정적일지(사우디아라비아) 혹은 대립적일지(이란)는 알 수가 없습니다. 한 치 앞도 내다볼 수 없는 것이 국제 질서이기 때문입니다. 뻔한 말 같지만 어제의 적이 오늘은 동지가 되고, 그 반대도 되는 세상입니다. 미래를 단언할 수 없는 나라 중에는 세계 최대 원유 매장량을 갖고 있는 베네수엘라도 빼놓을 수 없습니다. 베네수엘라는 세계 경제 속에서 미국과의 관계를 어떻게 해야 하는지, 그것이 잘못되었을 때 어떤 고통을 치러야 하는지를 잘 보여줍니다.

우리나라도 석유 의존도를 줄이고 대체 에너지나 재생 에너지로의 전환을 고민하고 준비해야 합니다. 그리고 중동의 정치적 변화를 눈여겨보고 다변화된 외교 관계를 통해 안정적인 에너지 수급과 경제적 이익을 확보해야 합니다.

# 7

# 석유를 둘러싼 정치경제
# - 러시아, 중국, EU, 한국

## 천연자원의 나라, 러시아

유가도 상품이자 재화이기 때문에 수요와 공급에 따라 가격이 정해집니다. 지금까지의 내용을 거칠게 요약해 보면 공급의 핵심은 중동이고 수요의 핵심은 중국입니다. 그리고 안정적으로 원유 시장이 유지되도록 관리하는 나라는 미국입니다. 여기에 변수를 일으킬 수 있는 나라가 러시아입니다.

　미국과 러시아는 전통적인 경쟁국 사이입니다. 지금의 러시아보다 더 큰 힘을 가지고 있었던 공산주의 연합 국가 소비에트연방(줄여서 '소련'이라고 했습니다)이 무너지고, 여러 나라로 쪼개지기 전까지 미국과 대척점에 있는 명실상부한 전 세계 넘버1 국가는 지금의 러시아(소련의 중심국)였습니다. 러시아 힘의 원천은 천연자원입니다. 전 세계 3위 산유국으로 OPEC+의 멤버이자 유럽에서 사용하는 천연가스의 절반을 책임지는 생산량 2위의 국가입니다. 미소 대립의 시대를 '냉전 시대'라고 불렀습니다. 그리고 이제는 '다극화 시대'라고 합니다. 다극화 시대는 말 그대로 미국, EU, 중국, 러시아 등 여러 강대국이 서로 협력과 대립을 하는 시대입니다. 이중 러시아는 과거의 넘버1 영광을 되찾기 위해 무리수를 두는 정책을 펼 때가 있습니다. 전쟁을 일으키는가 하면, 내부적으로 정치적 정적을 제거하는 일도 자행합니다. 그 정점에 푸틴 대통령이 있습니다. 무려 다섯 번째 대통령 직을 수행하는 중입니다.

최근 러시아의 힘을 확인할 수 있는 사례가 우크라이나-러시아 전쟁입니다. 2022년 러시아는 크림 반도에서 자신의 영토로 이어지는 우크라이나 남부 지역을 점령하고자 전쟁을 시작했습니다. 러시아는 우크라이나의 나토(NATO, 북대서양 조약기구로 미국과 서유럽 국가 사이의 군사 동맹체) 가입을 문제로 삼았습니다. 자신과 국경을 접하고 있는 우크라이나가 공식적으로 미국과 서유럽의 품에 안기게 되면 러시아에게 커다란 위협이 될 것으로 판단했기 때문입니다. 하지만 우크라이나 입장에서는 나토 가입에 충분한 명분이 있었습니다. 러시아는 2014년 우크라이나의 크림반도를 빼앗은 적이 있었고 가만히 있다가는 러시아의 침탈로 언제 어떻게 나라가 사라질지 모른다는 위협에 시달리고 있었기 때문입니다. 크림반도는 나이팅게일이 활약한(?) 크림전쟁이 벌어진 역사적인 지역입니다. 러시아 입장에서는 흑해를 통해 지중해 지역으로 진출할 수 있는 전략적 요충지로 어떤 희생을 치르더라도 꼭 갖고 싶은 땅입니다. 소비에트 연방 시절에는 우크라이나의 영토라 해도 엄연히 연방국의 행정 구역 정도에 불구했지만 지금은 완전히 다른 나라가 되어버린 상황입니다. 그러다 보니 이를 차지할 기회만 노리다, 나토 가입을 구실 삼아 전쟁을 일으켰습니다. 아직까지도(2024년 12월 현재) 전쟁은 끝나지 않고 있습니다(최근에는 북한까지 개입되었습니다).

　미국과 서유럽은 러시아의 힘 자랑에 대항해 석유 및 천연가스 판매 제재로 맞섰습니다. 외국에 있는 자산을 동결하고, 돈을 주고받는 결제 시스템에서 러시아를 제외했습니다. 이런 조치로 러시아 경제가 치명적인 타격을 입을 것으로 생각했습니다. 실제 초기에는 이러한 제재가 의도한 대로 영향력을 발휘했습니다. 루블화가 폭락하는 등 러시아의 경제 사정은 말이 아니었습니다. 하지만 웬걸? 러시아의 원유 공급이 줄어들자 유가는 상승하기 시작했습니다. 게다가 이런 상황을 이용해 중국과 인도가 러시아산 석유를 싼 가격에 사기 시작했습니다. 중국이나 인도 입장에서는 어차피 사야 할 원유라면 더 싼 가격에 살 수 있는 곳에서 구입하는 것이 낫다고 생각한 것입니다. 게다가 중국은 미국과 무역 갈등도 겪고 있는 상황이니 오히려 더 잘 됐다 싶었습니다. 이 와중에 독일은 러시아로부터 수입해오던 천연가스가 부족해지면서 국민들의 원성을 사게 되고, 결국 러시아의 천연가스가 필요하다며 미국에게 양해를 구했습니다. 결과적으로 러시아 우크라이나 전쟁은 유가 변동보다 서유럽의 천연가스 가격 상승에 더 큰 영향을 미쳤습니다.

러시아와 전쟁 중인 우크라이나는 곡물 수출의 대표적인 나라입니다. 우크라이나의 밀은 주로 유럽으로 수출되었는데, 전쟁으로 공급량이 대폭 줄었습니다. 유럽 입장에서는 난방 등에 꼭 필요한 천연가스 가격이 오르고, 주식인 밀가루 가격이 오르면서 '물가 인상'에 직면하게 됩니다. 물가를 잡기 위해서는 금리를 높게 유지해야 합니다. 높은 금리는 경기 침체를 부릅니다. 경기 침체는 다시 원유 수요를 줄이고, 수요 하락은 유가를 떨어뜨립니다. 원유 공급국가 입장에서는 좋을 리가 없습니다. 당연히 '감산'에 들어가 공급량을 줄이면서 유가를 조정해야 합니다. 즉 러시아 입장에서는 미국의 석유나 천연가스 제재로 치명적인 타격을 받지 않고 장기전에 임할 수 있는 주위 환경이 만들어진 셈입니다.

전쟁은 우크라이나에게 좋지 않은 결과로 끝날 가능성이

높습니다. 지금까지는 잘 버티고 있지만 서방의 지원 없이는 자력으로 일어서기가 쉽지 않습니다. 새롭게 트럼프 2기 정부가 출범하면서 두 국가 사이의 휴전을 이끌어낸다고 하니 어떻게 될지 지켜볼 일입니다.

## 최다 원유 소비국, 중국

러시아 다음으로 중국 이야기를 해보겠습니다. 중국은 미국과 경제 갈등을 겪고 있는 나라입니다. 중국은 직접적으로 원유 시장이나 가격에 영향력을 발휘하려고 하지는 않습니다. 중동의 석유가 안정적으로 공급되길 원하는 마음이 더 큽니다. 중국에서도 원유가 나오지만 자국에서 소비하는 양은 생산량을 초월합니다. 넓은 땅 어딘가에서 추가로 원유가 더 나올지는 모르겠지만, 안정적인 수급은 중국 입장에서 반드시 확보해야 할 핵심 과제입니다. 중국에는 일대일로(一帶一路)라는 전략이 있습니다. 중국의 장기 국가 발전 전략 구상 중 하나로 중국 서부에서 중앙아시아를 거쳐 러시아, 유럽으로 연결되는 도로, 철도, 에너지 공급망 등의 인프라를 건설하는 것을 말합니다. 이 역시도 중동에서부터 중국까지 안정적인 석유 수송로 확보라는 목적을 갖고 있습니다.

중국은 최근 조금씩 틈이 벌어지고 있는 미국과 사우디아라비아 사이를 노리고 있습니다. 사우디의 빈살만 왕세자는 시진핑 주석을 만났을 때와 바이든 대통령을 만났을 때의 표정이 확연히 달랐습니다. 미국 입장에서는 사우디에 대한 불만이 쌓일 만한 그림이었습니다. 중국은 미국의 경제적 힘 중 하나인 페트로 달러 체제를 흔들기 위해 사우디와 이야기하는 중입니다. 이러한 사항을 미국이 가만히 보고만 있진 않습니다. 미국은 반도체라는 미래 사회의 필수품으로 도전자인 중국에게 경고장을 날리고 있습니다. 반도체는 미래를 결정지을 핵심 재화입니다. 미국은 반도체의 글로벌 벨류체인에서 중국을 떼 내려는 노력을 기울이고 있습니다. (반도체에 대해서는 이 책 3부에서 더 자세히 살펴볼 예정입니다.)

미국의 공세에 맞서는 것이 결코 쉬운 일이 아님을 중국도 잘 알고 있습니다. 그리고 내부적으로 여러 가지 난제도 안고 있습니다. 중국은 '세계의 공장'이란 별명처럼 전 세계의 소비 시장을 떠받치며 상품을 공급하는 나라입니다. 이는 거꾸로 전 세계의 경기가 좋지 않으면 중국도 타격을 받게 된다는 뜻입니다. 반대로 중국의 성장률이 낮아지면 다시 전세계의 성장률에 악영향을 주게 됩니다.

최근 중국 GDP의 약 25%를 차지하는 부동산 경기가 추락하면서 중국 경제에 빨간불이 켜졌습니다. 중국의 경기 침체는 원유 수요의 감소를 의미합니다. 수요가 감소하면 유가는 하락합니다. 중국은 소비 측면에서 유가에 영향을 끼치는 나라입니다. 자국의 경기 침체를 벗어나기 위해 어떤 정책을 펼쳐 나갈지 나아가 미국과 협력할지 계속해서 대립할지는 앞으로 중요하게 지켜봐야 할 포인트입니다.

## 재생 에너지로의 전환, EU

다음으로 유럽 연합인 EU를 살펴보겠습니다. EU는 재생 에너지를 가장 강력하게 추진하고 있는 나라(연합)입니다. 실제로 유럽의 재생 에너지 활용 비율은 매우 높습니다. 풍력과 태양광 그리고 수력 등 넓은 땅과 앞선 기술력을 바탕으로 발전 분야에서만큼은 탄소 중립을 이뤄낼 수 있는 (연합)국가입니다.

유럽은 기술적 우월성을 가지고 다른 나라에도 강력한 친환경 정책을 요구하고 있습니다. 어느 정도 준비가 된 상황에서 자신들의 기득권을 지킬 높은 장벽으로 친환경을 내세우고 있습니다. 이러한 탄소 중립을 받아들이기 힘든 대표적인 나라가 중국입니다. 중국은 EU가 추진하는 정책이 마음에 들지 않습니다. 그리고 원유 수출이 거의 유일한 산업이자 아직 석유 이후를 대비하지 못한 중동 입장에서도 마찬가지입니다. 석유 개발 시기에는 자신들의 이권을 가로채더니, 이스라엘-팔레스타인 문제를 만들어 혼란을 가중시키고, 이제는 재생 에너지까지 들이밉니다.

그러다 보니 중동 입장에서는 서방 세계보다 러시아와 중국이 더 마음에 듭니다. 하지만 더 아이러니한 상황은 친환경 에너지의 대표격인 태양광과 풍력 발전에서 중국산 저가 제품(부품)이 전 세계 시장을 뒤흔들고 있다는 것입니다. 전기차 시장 역시 중국의 저가 전기차가 유럽의 자동차 회사의 존재를 위협하고 있습니다. 중국은 유가에도 영향을 끼치고, 재생 에너지와 전기차 시장에서도 영향을 끼치는 대국이 되었습니다. 이런 이유 때문에라도 미국은 이를 그냥 지켜만 보고 있질 못하고 있습니다.

## 일관성 있는 정책이 필요한 한국

마지막으로 우리나라도 한 번 살펴보겠습니다. 석유 의존이 100%인 상황에서 석유를 대체할 수 있는 에너지원 개발은 세계 어느 나라보다도 중요한데, 그런 고민이 실종된 지 오래입니다. 보수 정권과 진보 정권으로 정권이 바뀔 때마다 발밑만 보는 논쟁을 반복할 뿐입니다. 최근에는 친환경 에너지로 '원전이 들어가네 안 들어가네'를 갖고서 갑론을박하는 중입니다. 전기차 판매용 배터리는 중요하다고 말하면서 RE100의 기준에 맞추는 정책이나 지원에 대한 이야기는 잘 들리지 않습니다. 유가가 오르면 물가가 오른다고 난리지만, 대책은 유류세 연장이냐 아니냐 정도에서 끝나버립니다. 좀 더 거시적인 관점에서 석유 나아가 친환경 에너지와 관련해서 올바른 정책을 수립해서 하루빨리 미래를 대비해야 합니다. 이 와중에 정유 업계의 후방 산업이라 할 석유화학 산업은 중국 등 후발 국가의 저가 공세를 버티지 못하고 있습니다. 최근에도 (2024년 12월) 이들 기업의 구조 조정 뉴스가 계속해서 등장하는 중입니다.

---

정리해보겠습니다. 유가가 오르고 내리는 것도 주의 깊게 봐야겠지만 어떤 나라, 어떤 사건, 어떤 현상이 유가를 움직이고 있는지 살펴보는 것도 매우 중요합니다. 현재 화석 에너지와 친환경 에너지 사이의 경쟁(?)은 매우 혼란스럽습니다. 미국에서는 환경 위기 자체를 인정하지 않으면서 화석 연료의 개발을 확장 및 연장하려는 트럼프 정부가 들어섰고, 유럽은 친환경 추진을 머뭇거릴 만큼 경제 상황이 좋지 않습니다. 이런 상황에서 석탄 발전을 가장 많이 하며 친환경과는 거리가 먼 행보를 보이는 중국이 친환경 에너지 설비에 해당하는 태양광 패널과 풍력발전기 부품, 여기에 전기자동차와 배터리 분야에서까지 세계 시장을 흔들고 있습니다. 그러자 미국과 EU는 중국산 배터리나 전기차에 높은 관세를 매겨야 한다고 주장하고 있습니다.

2020년대 초만 해도 전 세계가 금세 친환경 에너지 시대로 넘어가면서 탄소(석유, 석탄) 시대와 이별할 분위기였는데, 2020년대 중반이 되면서 상황은 오히려 몇 발짝 뒤로 물러나 버렸습니다. 이런 흐름에서 우리나라는 적절한 대응 타이밍을 놓치고 있습니다. 기업은 서둘러 미래를 준비하는 모습을 보이고 있지만, 국가 차원에서는 뚜렷한 행보를 전혀 보여주지 못하고 있습니다(포항 앞바다의 대왕고래 프로젝트는 논외로 하겠습니다). 보수 정부냐 진보 정부냐에 따라 정책 기조가 너무 다릅니다. 에너지 문제에서만큼은 정부가 변하더라도 꾸준하게 한 방향으로 밀고 나갔으면 좋겠습니다.

유가와 관련된 앞으로의 단기 방향성에 가장 영향을 끼칠 중요 인물은 역시 미국의 트럼프입니다. 트럼프의 친화석 연료 정책이 얼마나 강하게 추진되느냐에 따라 미국의 추가 시추 등 원유 공급 여부가 결정될 가능성이 높습니다. 또한 트럼프는 중동 분쟁과 우크라이나-러시아 전쟁을 어떻게든 마무리할 것 같습니다. 만약 이렇게만 된다면 원유 공급의 안정화를 기대할 수 있을 것 같습니다. 그리고 트럼프의 중국 압박은 경기 부양 정책에 대한 견제구가 될 것입니다. 즉 유가를 결정하는 공급과 수요 측면에서 공급은 늘고, 중국으로 중심으로 하는 수요는 감소할 가능성이 높아 유가는 당분간 하락세가 될 것으로 점쳐집니다.

국제 뉴스를 볼 때 해당 뉴스가 유가에 어떤 영향을 끼칠지 예상해보고 확인하는 습관을 지니면 상승과 하락의 방향성 정도는 어느 정도 예측할 수 있습니다.

# 2부

# 달러

전 세계가 사용하는 돈

# 1 인트로

# 미국 돈이지만 달러의 문제는
# 곧 우리의 문제

달러는 미국 돈입니다. 그렇지만 미국인만 사용하지 않고 전세계 사람이 사용합니다. 달러를 두고서 '집의 기틀을 잡고, 수레의 축과 같은 역할을 한다'고 해서 기축(基軸) 통화라고 부릅니다. 영어로는 'Key Currency'(열쇠가 되는 통화)인데, 지구 상의 모든 무역 거래와 금융 거래의 '키'가 되는 돈이라는 뜻입니다. 한자어보다 영어 의미가 좀 더 와 닿습니다.

미국의 전 재무부장관이어었던 조 코널리는 "달러는 우리의 통화이지만 당신들의 문제다"라고 했습니다. 말 그대로 달러는 미국의 돈이지만, 달러가 일으키는 문제는 달러를 사용하는 모든 나라의 문제가 된다는 뜻입니다. 한국의 원화가 문제라면 한국 사람들에게만 영향을 미치겠지만, 달러가 문제가 되면 달러를 사용하는 모든 나라의 문제가 됩니다. 즉 세계 경제 전체의 문제가 됩니다.

달러가 기축 통화가 된 역사적 배경에는 흥미로운 이야기가 있습니다. 미국이 영국으로부터 독립하면서 중앙은행제도가 탄생했습니다. 이때 달러가 만들어지는데, 그때까지만 해도 전 세계의 기축 통화는 영국의 파운드화였습니다. 그리고 모든 화폐는 금과 연동되어 있었습니다. 이를 두고 '금본위제'라고 합니다. 각국은 가지고 있는 금의 양에 맞춰 화폐를 발행하고 이에 맞춰 통화량을 조정할 수 있었습니다. 쉽게 설명하면, 내 집(금)을 담보로 맡기고 돈(화폐)를 빌리는 것과 비슷합니다. 은행에서 돈을 빌릴 수 있는 이유는 문제가 될 때 팔아서 메꿀 수 있는 집이란 담보물이 있기 때문입니다. 이처럼 전 세계 국가들은 자신의 화폐를 금과 연동해서 발행했습니다. 보유하고 있는 금보다 돈을 더 찍어 낼 수는 없었습니다.

그런데 이 규칙에 금이 가기 시작합니다. 영국의 파운드화가 문제가 된 것입니다. 1차, 2차 세계 대전을 겪으면서 영국은 전쟁에 들어가는 막대한 돈이 필요했지만, 이를 감당할 만큼의 여력을 갖지 못했습니다. 반면 미국은 전쟁에 휘말리지 않았기 때문에 충분한 돈을 가지고 있었습니다. 즉, 금 보유량에서 유럽보다 더 앞서기 시작했습니다.

전쟁은 국가의 모든 자원을 쏟아 붓는 일입니다. 영국과 서유럽은 2차 세계대전의 승자였지만 전쟁으로 더 이상 힘을 쓸 수 없을 만큼 허약해졌습니다. 전쟁으로 망해버린 유럽을 살리기 위해 미국이 경제적으로 도움을 준 것이 바로 마셜플랜(Marshall Plan)입니다. 전쟁 이후 폐허가 된 유럽의 여러 국가를 재건하기 위해 미국이 추진한 대외 원조 계획입니다. 그리고 이때 브레턴우즈체제(Bretton Woods system)도 함께 만들어졌습니다. 이는 서방 44개국이 국제 통화 체제를 재편하기 위해 1944년 미국 뉴햄프셔주 브레턴우즈에서 만든 협정으로 미국 달러를 기축 통화로(국제 결제에 사용하는) 사용하는 결정입니다. 아직 금본위제를 버리진 않았지만, 전 세계에서 유일하게 인정받는 태환 화폐(금을 돈으로 바꿔주는 화폐)로 달러를 공식 선언하는 일이었습니다. 결국 영국의 파운드화는 미국 달러에 자리를 내주고 기축 통화 자리에서 물러나게 됩니다.

이때까지만 해도 아직 낭만의 시기였습니다. 금 1온스를 미국 달러 35달러와 교환한다는 브레턴우즈 체제의 기준이 잘 지켜졌기 때문입니다. 그러다 금본위제가 무너지기 시작합니다. 유럽이 1,2차 세계대전에 돈을 쏟아 부은 것처럼 미국은 베트남전에서 끊임없이 전비를 사용해야 했습니다. 그리고 미국의 관할을 벗어나 유로 시장에서 거래되는 달러의 양이 점점 늘어나면서 '금 1온스 = 35달러'라는 기준을 지키기가 점점 힘들어졌습니다. 미국 달러의 가치는 계속해서 낮아졌고 가지고 있어봤자 손해를 볼 것으로 예측한 나라부터 달러를 금으로 바꾸기 시작했습니다. 그냥 놔둔다면 미국 땅에서 더 이상 금을 찾아보기 힘들 지경에 이를지도 모를 상황이었습니다. 결국 미국은 단호한 그러면서도 충격적인 선언을 합니다. 1971년 8월 15일 미국의 닉슨 대통령은 금본위제를 유지하던 브레턴우즈 체제를 포기하며 앞으로는 금과 달러를 바꿔주지(태환하지) 않겠다고 선언을 한 것입니다. 더 이상 통화량을 금에 연동하지 않겠다는 뜻이었습니다. 마치 아파트의 담보 가치 이상으로 돈을 빌릴 수 있다는 선언과 마찬가지였습니다. 좀 다른 얘기지만, 경제학자들을 이를 두고 '현대 경제'의 시작으로 보기도 합니다. 더 이상 담보 역할을 하는 '금'이 없더라도 화폐를 찍어낼 수 있게 되면서 급속히 늘어나는 통화량에 따른 인플레이션의 시대가 이때부터 시작되었기 때문입니다. 그리고 이제는 상식이 된 '변동 환율제'도 함께 탄생합니다.

금본위제가 폐지되던 시기에 또 하나의 경제적 사건이 발생합니다. 바로 오일쇼크입니다. 오일쇼크로 세계 경제는 엄청난 침체를 겪습니다. 미국 역시 원유 가격의 상승과 실업률의 증가로 스태그플레이션(경기는 침체된 상황에서 물가가 지속해서 오르는)에 빠져들었습니다. 이때 미국은 사우디아라비아와 함께 페트로 달러 체제를 구축했습니다. 두 국가의 암묵적 협약으로 원유 결제는 미국 달러로만 하게 됩니다. 대신 미국은 강력한 군사적 지원과 함께 국제 무대에서 사우디아라비아에 힘을 실어줍니다(1부 석유 편에서 다뤘던 내용입니다). 금본위제를 벗어나면서 흔들렸던 미국 달러의 위상은 페트로 달러에 올라타면서 기축 통화 자리를 사수해냅니다. 미국 달러의 가치가 불안해지는 것과 상관없이 석유를 사기 위해서는 무조건 달러가 필요했기 때문입니다.

페트로 달러 체제 외에도 달러가 기축 통화로 자리매김하는 데 있어서 아직 설명하지 않은 것이 몇 가지가 더 있습니다. 첫 번째는 '세계화'라는 배경입니다. 1980년대 오일쇼크를 거치면서 미국에 불어닥친 엄청난 인플레이션을 잡기 위해 폴 볼커 연준 의장은 금리를 연 20%대까지 끌어올리는 경악할 수준의 고금리 정책을 펼칩니다. 이 시기를 거치면서 미국의 경제는 제조업에서 금융과 서비스 중심으로 시스템이 바뀝니다.

세계화라는 단어는 세계 경제가 긴밀하게 연결된다는 의미지만, 금융 자본이 마음대로 전 세계를 돌아다닐 수 있음을 뜻하기도 합니다. 미국의 레이건 대통령이 밀어붙인 금융 중심의 세계화 경제 체제에 영국의 대처 총리도 힘을 보탭니다. 미국과 영국은 확장된 금융 자본의 힘으로 자신의 영향력을 키워 가게 됩니다. 나머지 세계가 달러 금융 체제 안으로 편입

(이라 쓰고 '흡수'라 읽는)되는 일만 남았습니다. 그런데 이를 부채질한 결정적 사건이 미국에서 일어납니다. 바로 2008년 금융 위기입니다. 미국의 리먼 브라더스 은행이 파산하면서 생긴 이 사건은 미국 금융 당국의 관리 부실로 일어난 사고지만 그 충격은 전 세계로 퍼졌습니다. 문제가 된 부실한 파생 상품(서브 프라임 모기지)을 산 유럽의 대형 은행들이 큰 위기를 겪으며, 실물 경제에까지 그 여파가 퍼졌습니다.

사태의 원인을 제공했다고 볼 수 있는 미국은 망가진 실물 경제를 살리기 위해 '양적 완화'라는 방법을 사용했습니다. 기준 금리를 더 낮출 수 없어 중앙은행이 직접 돈을 풀어 경기를 살린다는 정책이었습니다. 금이라는 화폐 발행량 기준도 없겠다, 돈을 찍어 내기만 하면 됐습니다. 이때 찍어낸 돈이 미국과 유럽의 경제를 살리지만 증가한 통화량으로 후유증이 없을 리가 없겠죠? 빚을 내서 소비하는 것이 일시적으로는 가능했겠지만 계속되기는 어렵습니다.

양적 완화로 경기가 살아나자 이제는 경제 거품을 걷어내기 위해 긴축 재정에 들어갑니다. 돈의 양을 줄이는 긴축을 미국 경제는 버티지만 경제적으로 허약한 유럽의 몇몇 나라는 버티지 못했습니다. EU 회원국 중 재정 적자 폭이 커서 경제 위기를 겪은 나라들이 있습니다. 이들은 국가 부도 사태를 겪을 위기에 있다가 결국 EU로부터 구제 금융을 받습니다.

바로 포르투갈, 이탈리아, 그리스, 스페인입니다. 이들에게는 PIGS라는 멸칭이 부여되기도 했습니다. PIGS는 이들 국가의 머리 글자를 모아 붙인 이름입니다.

유럽의 허약한 나라의 경제가 흔들릴수록 미국은 달러를 공급하면서 영향력을 키웠습니다. 그렇게 1980년대에 기초가 만들어진 세계화(달러라는 경제 체제로의 통합)는 2000년에 들어와서 완성되기에 이릅니다. 1997년 동남아시아와 우리나라가 겪었던 금융 위기(IMF 구제 금융 사태)도 세계 경제로의 편입을 촉발시킨 사건이라고 볼 수 있습니다.

그 이후 2020년 코로나 팬데믹이 일어났는데, 이 또한 앞서 금융 위기 때와 비슷한 양상으로 전개되면서 전 세계를 달러화 아래로 묶은 계기를 마련합니다. 전염병 때문에 세계적인 셧다운(경제 활동이 멈추는) 사태에서 다운된 경기를 부활시키기 위해 세계 주요국들은 돈을 풀고, 이는 다시 인플레이션 위험을 낳았고, 전염병 우려가 해제된 이후 다시 돈을 거두는 일을 합니다. 이러한 과정에서 세계 경제는 또다시 미국의 통화 정책에 의해 이리저리 휘둘리게 됩니다.

이제 우리가 아는 지금의 세상입니다. 코로나가 마무리되면서 유동성이 높아진 달러와 달러 기반의 금융 자본은 하나의 단일 시장처럼 돼버린 전 세계를 휘젓고 다니고 있습니다. 우리가 어렸을 때는 상상도 하지 못했던 미국 주식에 대한 직접적인 투자를 할 수 있는 시대가 된 것입니다. 이처럼 모두가 달러만 믿고 달러만 쳐다보는 상황이 되었습니다. 더 이상 달러 없이는 경제 시스템이 돌아가기 어려운 시대가 되었습니다. 향후 미국의 적자는 계속되겠지만, 달러는 계속해서 영향력을 가질 것입니다. 적어도 10~20년 안으로는 중국의 위안화나 유럽의 유로가 미국 달러를 대체하기에는 역부족으로 보입니다.

금융 자본에 대응한다는 명분으로 암호 화폐가 나타나긴 했지만, 역시 주류 경제로 편입되기에는 여러 번의 검증 절차가 필요해 보입니다. 무엇보다 미국이 이를 인정해야 합니다. 도널드 트럼프가 재선에 성공하면서 비트코인을 비롯해 암호 화폐 가격은 폭등했습니다. 선거 기간 동안 있었던 암호 화폐에 대한 친화적인 발언 때문이었습니다. 2025년 이후 트럼프가 계속해서 후보 시절 공약했던 내용을 지켜갈지 그렇지 않을지는 지켜볼 일입니다. 미국 정부가 비트코인을 인정하기 시작한다면 암호 화폐를 둘러싼 양상, 그리고 달러와의 관계는 새롭게 정립될 것입니다.

달러 기반의 글로벌 경제는 계속해서 유지될 것으로 보입니다. 누군가는 적자 재정으로 미국 경제가 급격히 침몰할 것이라고 말하기도 하지만 미국이 망하는 것을 원하는 나라는 아직 없어 보입니다. 이 글 맨 앞에서 얘기한 대로 "달러는 미국 돈이지만, 달러로 발생하는 문제는 우리의 문제"이기 때문입니다. 이제 본격적으로 미국 달러와 관련된 세부적인 이야기로 들어가 보겠습니다.

**2**

# 세계의 금리를 관리하는
# 연준

## 강대국 힘의 원천

보통 우리는 강대국을 '힘이 있는 나라'라고 하는데, 이때의
힘은 여러 가지가 있겠지만 무엇보다 군사력과 경제력입니
다. 이 두 가지 기준에서 볼때 미국은 현재 유일무이한 강대국
입니다. 미국의 군사력은 다른 상위 국가의 군사력을 합친 것
보다도 크고, 경제력은 달러라는 기축 통화로 건재합니다. 사
실 이 둘은 하나로 연결되어 있습니다. 군사력이 우위에 있으
려면 결국 경제력이 바탕이 되어야 하기 때문입니다. 영국이
미국에게 왕좌를 내주게 된 것도 두 번의 세계 대전을 겪으며
국가의 힘(경제력)을 모두 소진해서입니다. 그리고 불과 몇십

년 전까지만 해도 미국의 라이벌이었던 러시아보다 중국이 더 큰 목소리를 내게 된 것도 성장한 경제력을 바탕으로 하고 있기 때문입니다.

미국의 경제력을 나타내는 지표나 위세는 다른 무엇보다 첨단 기술이 집약된 스마트폰을 보면 알 수 있습니다. 지금 스마트폰에는 두 가지 OS밖에 없다고 봐도 됩니다. 구글의 안드로이드와 애플의 iOS. 아시다시피 구글과 애플은 둘 다 미국 회사입니다. 이전의 PC 시대에는 윈도우로 대표되는 마이크로소프트가 있었습니다. 그리고 앞으로 큰 변화를 이끌어낼 기술로 꼽히는 인공지능(생성형 AI)도 미국 회사들이 주도하고 있습니다. 인공지능이 제대로 구현되려면 필요한 것이 반도체 칩인데, 이 산업의 절대 강자로 떠오르고 있는 엔비디아 역시 미국 기업입니다. 우리나라에서 삼성전자와 SK하이닉스가 메모리 반도체 분야에서는 전 세계 1등, 2등이라고 하지만 전체 반도체 시장에서 보면 1등이라고 말하기는 어렵고 앞으로도 쉬워 보이지는 않습니다. 인공지능에 필요한 소프트웨어는 오픈AI를 위시한 인공지능 기술 회사들이, 하드웨어는 엔비디아로 대표되는 미국의 반도체 설계 제조 회사들이 주도권을 쥐고 있습니다. 반도체가 경제적으로 군사적으로도 중요한 만큼 미국은 이를 무기 삼아 경쟁국인 중국을 누르고 있습니다.

## 연준의 금리 관리

1부에서 살펴본 대로 원유 기반으로 세계 경제를 봐도 미국이 다른 나라들에 비해 앞서 달리고 있습니다. 친환경 에너지 정책에서도 EU가 일부 주도권을 가진 것 같지만, 사업적으로는 미국이 주도하고 있습니다. 내연 기관 자동차에서 전기차로 넘어가는 트렌드는 미국의 테슬라가 이끌고 있습니다. 미국은 현재 모든 영역에서 다른 나라들이 넘볼 수 없는 위치에 있습니다. 이렇게 건재한 미국 경제가 잘 돌아가기 위해서는 달러의 역할이 필수적입니다.

달러 발행을 책임지는 기관이 연준입니다. 한국 원화를 찍어내는 곳은 물리적으로는 조폐공사지만 찍느냐 마느냐를 결정하는 권한을 가진 곳은 한국은행입니다. 마찬가지로 세계의 돈을 찍느냐 마느냐의 권한을 가진 곳이 연준이다 보니 거의 매일 경제 뉴스에 등장합니다. 연준이 중요한 만큼 연준 의장도 중요합니다. 연준 의장을 두고 '세계 경제 대통령'이라고 부르는 이유입니다.

가진 자산에 비해 통화량이 너무 많다면 물가는 오르게 됩니다. 바로 인플레이션입니다. 시중에 모든 물건을 다 합해보니 약 100개가 된다고 해보겠습니다. 그리고 그 가치는 전부 다 합쳐서 100원입니다. 이때 물건의 가치는 하나당 1원입니다. 그런데 상품 수는 그대로인데 돈만 1,000원으로 늘었습니다. 그러면 물건 하나당 가격은 1원에서 10원이 됩니다. 이렇게 물가가 오르는 것을 두고 '통화량 증가에 따른 인플레이션'이라고 부릅니다. 통화량이 점점 더 늘어 돈이 10,000원이 되었다면 물건 가격은 100원이 됩니다. 실제 가치는 1원이었는데, 돈의 양이 늘면서 가격은 100배가 인상된 것입니다. 이처럼 내재 가치(=실제 가치) 이상의 가격이 형성되는 경우를 두고 "거품이 끼었다"라고 표현합니다.

1990년대 일본의 부동산 가격이 대표적인 거품이었습니다. 당시 부풀려진 일본의 땅값을 모두 합치면 미국을 살 수 있다고 할 정도였습니다. 실제로 일본과 미국을 바꿀 일은 절대 일어날리가 없습니다. 이처럼 실제 가치와 상관없이 가격만 오르는 것이 거품입니다. 당연히 거품이 낀 경제를 좋아하는 사람은 없습니다. 사람들이 언제든 '(말도 안 되게)너무 비싸'라고 생각을 하게 되는 순간 가격은 폭락해 버리기 때문입니다. 거품이 터지면 엄청난 경제적 충격이 발생합니다. 전 재산을 털어 넣은 자산이 하루아침에 1/10이 된다고 생각한다면, 버틸 수 있는 사람은 많지 않습니다. 이런 이유로 중앙은행을 비롯해 정부는 시중에 돌아다니는 돈, 즉 통화량 관리를 가장 중요하게 생각합니다.

통화량 관리의 여러 가지 방법 중 가장 일반적인 것이 기준 금리 조정입니다. 금리를 높이면 돈의 가치가 높아지니 사람들은 돈을 사용하기보다 은행에 넣어 두고 높은 금리를 안정적으로 받으려 합니다. 그래서 기준 금리를 높이면 통화량이 줄고, 기준 금리를 낮추면 통화량이 늘어나는 로직이 만들어집니다(물론 100% 항상 이렇게 움직이는 것은 아닙니다). 각 나라의 중앙은행은 이러한 프로세스로 자국의 경제를 관리합니다. 그중에서도 미국 연준의 통화량 관리는 자국의 달러 관리는 물론이고, 전 세계 국가의 통화량을 줄이고 늘리는 역할을 합니다.

## 세계의 금리

현재 세계 경제는 달러라는 통화로 묶여서 하나의 시장처럼 움직입니다. 미국이 금리를 올리게 되면 이는 약간의 시차나 지역별 편차만 있을 뿐, 각국의 통화 금리를 끌어올리게 됩니다. 우리나라의 수도권과 지방의 부동산을 생각해 보면 금방 이해가 됩니다. 부동산은 움직일 수 없는 자산이기 때문에 입지를 떠나서는 생각할 수가 없습니다. 상식적으로 부동산은 지역의 호재나 악재에 따라 움직입니다. 하지만 우리나라 전체 부동산 가격을 주도하는 곳은 강남입니다. 그래서 강남의 아파트가 하락하는데 지방의 아파트가 홀로 오르는 경우는 없습니다. 반대로 강남이 오르기 시작하면, 부동산 가격은 전체적으로 상승하기 시작합니다. "하락할 때는 강남의 집값이 가장 늦게 떨어지고, 오를 때는 강남부터 오른다"라고 말하는 이유가 이 때문입니다.

이처럼 미국의 기준 금리는 강남의 부동산 가격처럼 미국에서만 끝나지 않고 주요 선진국으로, 우리나라를 비롯한 이머징 국가로, 전 세계로 영향을 끼칩니다. 결과적으로 각 나라의 기준 금리는 같은 방향으로 움직인다고 해도 틀린 말이 아닙니다. 중국이나 일본처럼 독자적으로 움직이는 곳도 있지만, 특별한 이유나 목적이 있지 않은 이상 미국의 기준 금리를 따라가게 됩니다. 그래서 연준 의장의 결정은 세계 경제 대통령의 통치 행위와 다름없습니다.

———

정리해보겠습니다. 달러는 이미 미국의 화폐를 넘어 전 세계의 돈입니다. 글로벌 경제에서 통용되는 돈이지만 달러의 발행과 공급은 미국이 주도합니다. 연준과 연준 의장은 금리를 조정하거나 통화량 조절을 통해 경제 성장과 물가 안정을 유지하는 역할을 합니다. 전 세계 중앙은행의 행보와 전 세계 통화량을 통제하는 실질적인 매니저입니다. 그래서 연준 관련 뉴스는 매우 중요합니다. 이때 빼놓지 말아야 할 포인트는 금리의 방향성과 강도입니다. 즉 앞으로 금리를 올리느냐 내리느냐 하는 방향 전환의 시점 그리고 '베이비' '빅' 등으로 표현되는 금리 변동폭입니다. 그다음 살펴볼 문제는 '왜? 그 같은 결정을 했느냐'하는 세부 내용입니다.

기준 금리의 결정 이유가 되는 인플레이션(물가) 상황, 경제 성장 전망, 실업률 등의 각종 수치를 이해하고 해석하는 것만으로도 경제를 읽고 경기를 예측하는 인사이트를 얻을 수 있습니다. 연준과 관련된 뉴스를 100% 이해하고자 노력하는 것만으로도 많은 경제 공부가 됩니다.

# 3

## 환율의 움직임에 따라 달라지는 달러 가치

### 환율

미국의 연준이 기준 금리를 정하게 되면, 세계 많은 나라가(미국과의 경제 교류가 많은 곳일수록) 같은 방향으로 금리를 맞춰갑니다. 반드시 따라가야 할 필요는 없지만 자의 혹은 타의로 따라가게 되는데, 그 이유는 환율 때문입니다.

환율에 대한 정의부터 해보겠습니다. 환율이란 각 통화 간의 교환 비율을 말합니다. 우리가 뉴스 등에서 접하게 되는 환율이라는 단어는 일반적으로 원달러(달러 대비 원화 가격) 환율을 말합니다(미국 달러가 기축 통화이다 보니 미국 1달러를 기준으로 원화의 가격을 설정합니다). 환율이 올랐다고 하는 것은 1달러를 교환하는데 드는 원화 표시 가격이 오른 것을 말합니다. 즉 원화 가치는 떨어진 것입니다. 현재(2024년 12월)의 원달러(달러 대비 원화 가격) 환율은 1달러에 1,400원을 넘어섰습니다. 연초의 1,300원 때와 비교하면 100원이 오른 셈입니다. 결국 우리 원화의 가치가 그만큼 떨어졌다고 할 수 있습니다. 반대로 달러 가치는 그만큼 오른 것이 됩니다. 환율의 변동을 잘 이해하고 싶다면 달러를 하나의 상품이라고 생각하면 덜 헷갈립니다. 그러니까 환율 인상은 달러라는 상품 가격이 올라 한국 돈을 더 줘야 한다는 뜻이고, 반대인 환율 인하는 달러 상품의 가격이 떨어져 한국 돈을 덜 줘도 된다고 생각하면 됩니다.

가격이 결정되는 원리는 잘 알다시피 수요와 공급의 원리에 따라 결정됩니다. 그러니까 환율이 올라간다는 것은 미국 달러의 수요가 늘거나 공급이 줄어드는 것을 의미합니다. 이런 상황을 점쳐볼 수 있는 것이 미국의 기준 금리 인상입니다. 금리를 높여 달러가 은행으로 몰리게 되면 시장에서 유통되는 달러는 줄어들게 되어 공급은 감소가 됩니다. 반대로 금리를 낮추면 은행 대신 시장으로 달러가 나오게 되고, 결과적으로 공급은 늘어나게 됩니다. 이외에도 달러 수요는 언제 또 늘어날까요? 미국의 경기가 좋아지거나 우리나라의 경기가 나빠진다고 생각될 때 늘어납니다. 미국의 경기가 좋아진다는 의미는 미국 달러의 가치가 오른다는 뜻입니다. 반대로 우리나라 경기가 나빠진다는 것은 원화의 화폐 가치가 낮아진다는 의미입니다. 당연히 가격이 오를 것 같은 상품에 대한 수요는 늘고, 가격이 내릴 것 같은 상품은 수요가 줄어듭니다. 최근 개미들이 국장(국내 주식 시장) 대신 미장(미국 주식 시장)에 많이 투자한다고 하는데, 이런 일이 가속화 되면 달러의 수요가 늘어나면서 환율은 계속해서 오릅니다.

반대로 공급이 늘어나는 경우도 있습니다. 우리나라의 가장 근본적이며 중요한 달러 공급 방법은 수출입니다. 수출이 잘 되면 공급이 늘어나면서 환율이 내려갑니다. 또 다른 방식은 국가간의 통화 스와프 체결 등 정부가 외환 시장에 개입하는 경우입니다. 수요와 공급이라는 시장의 기본 원리와 정부의 섬세한 관리에 따라 환율은 매일 오르락 내리락 합니다.

## 달러의 이동

전 세계 달러는 크게 두 덩어리로 구분할 수 있습니다. 하나는 미국에서 사용하는 달러, 또 하나는 미국 밖에서 사용하는 달러입니다. 미국 밖에서 사용하는 달러를 다른 말로 '유로 달러'라고 부릅니다. 미국 외의 국가에 위치한 은행에 예치된 미국 달러입니다. 런던을 비롯한 유럽의 주요 금융 시장에서 많이 거래되기 때문에 유로 달러라고도 합니다. 더 익숙한 단어로 바꾸게 되면 '외국인 투자 자금'이자 '외국계 투자금'이 됩니다. 좋게 보면 달러로 표시된 투자 자금이지만, 나쁘게 보면 달러로 표시된 투기 자금입니다. 투기 자금은 오직 수익만을 추구하며 국경을 넘나듭니다. 이처럼 달러의 수요는 상품(원유나 자동차 등)을 사고파는 무역 거래뿐만 아니라 투자를 위한 자금의 목적도 있습니다.

예금을 자주 해본 사람은 알겠지만, 1금융권보다 2금융권의 금리가 높습니다. 이른바 5대 시중 은행의 금리보다 저축은행의 금리가 적게는 0.2~0.3%, 많게는 1% 이상 더 높습니다. 이유는 여러 가지가 있지만 '안정성'과 비례한다고 볼 수 있습니다. 이를 그대로 글로벌 경제 관점으로 가져와서 설명하게 되면 미국이 1금융권이고, 미국이 아닌 다른 나라 특히 이머징 시장에 해당하는 한국 같은 나라는 2금융권이 됩니다. 일반적인 상황이라면 우리나라의 기준 금리가 미국의 기준 금리보다 높아야 하는 게 정상입니다. 그런데 미국이 금리를 높이는데, 같이 금리를 높이지 않는다면 어떻게 될까요? 당연히 우리나라에 투자하고 있던 돈이 미국으로 이동합니다. 한국 시장보다 미국 시장이 훨씬 더 매력적으로 보일 수밖에 없기 때문입니다. 미국 시장이 한국 시장 대비 안정적인데 금리까지 높으니까요.

부동산은 투자처를 옮기는 것이 어렵지만 돈은 그렇지 않습니다. 결과적으로 미국과 한국의 금리 차이로 투자금을 옮기려는 수요가 급격히 늘어납니다. 이때 달러의 가치와 원화의 가치는 조정됩니다. 최근에는 '서학 개미'라고 해서 미국 주식 시장에 투자하는 사람들이 늘고 있는데, 이때도 달러가 필요합니다. 즉 달러를 필요로 하는 사람이 늘면 달러는 비싸지게 되고, 그 결과 원화의 가치는 상대적으로 떨어지게 됩니다. 이를 '원화의 평가 절하' '달러의 평가 절상'이라고 말합니다.

## 달러 지수

뉴스에서 많이 보는 '강달러'는 달러의 가치가 높은 것을 말하고, '약달러'는 반대로 달러의 가치가 낮은 것을 뜻합니다. 우리나라의 기준 금리가 미국보다 많이 높거나, 우리나라 기업들이 수출을 잘해서 무역수지가 흑자가 날 때, 즉 유입되는 달러가 늘어 약달러가 되고 그 반대인 경우 강달러가 됩니다. 강달러가 지속되는 것을 두고 '달러 강세', 약달러가 지속되는 것을 '달러 약세'라고 합니다. 그런데 강세네, 약세네 하는 게 꼭 원달러 환율만 가지고서 이야기하는 것은 아닙니다. 아시다시피 달러는 전 세계에 통용되는 통화로 뉴스에서 말하는 강달러는 원화 대비해서뿐만이 아니라 유로화 대비, 파운드화 대비, 엔화 대비, 위안화 등 주요국 통화 대비해서 강세일 때를 말합니다.

모든 국가의 통화를 비교해서 강달러인지 약달러인지 알기 쉽도록 하기 위해 '달러 인덱스'(달러 지수)라는 것을 사용합니다. 달러 인덱스란 유로(EU), 엔(일본), 파운드(영국), 달러(캐나다), 크로나(스웨덴), 프랑(스위스)의 6개국 통화 대비 달러 가치를 나타낸 것으로 100을 기준으로 100보다 높으면 강달러, 100보다 낮으면 약달러로 봅니다. 현재(2024년 12월 20일) 기준 달러 지수는 108입니다. 100보다 높으니 강달러 추세입니다. 달러 인덱스는 처음에는 미 연준이 발표했다가, 현재는 대륙간거래소(ICE)라는 곳에서 24시간 실시간으로 업데이트합니다.

**환율의 변화**

환율이 변하는 것은 기준 금리 때문에 혹은 무역수지 때문에도 변하지만 각국의 경기 상황에 따라서도 변합니다. 미국의 경기가 좋고 다른 나라의 경기가 나쁘면 전 세계 투자 자금은 경기가 좋은 미국으로 몰립니다. 장사가 잘되는 곳에 돈이 몰리는 것과 같습니다. 그래서 미국이 강달러가 되는 경우는 미국의 기준 금리가 높거나 미국 경기가 나 홀로 좋은 때입니다. 그런데 이와 다르게 환율이 움직일 때도 있습니다. 바로 투자 자금이 움직일 때입니다. 투자 자금은 실물 경기보다 미래의 경기 전망에 따라 선제적으로 움직입니다. 이는 유가와도 비숫합니다. 원유 가격이 오르고 내리는 것은 실제 원유의 수급 문제로 이뤄지는 경우도 있지만, 향후 수급 예측에 따라 더 자주 움직입니다. 마찬가지로 환율의 변화도 실물 경기에 반응한다기보다는 미래 수급 예측에 따라 움직인다고 보는 게 좀 더 정확합니다.

——

정리해보겠습니다. 환율이 변동하는 것도 외환 시장에서 달러라는 상품의 수요 공급에 따라 달라집니다. 달러의 공급이 늘거나 수요가 줄면 달러 가격은 내려가고(=환율 인하), 달러의 공급이 줄거나 수요가 늘면 달러 가격은 올라가게(=환율 인상) 됩니다. 달러의 수요 공급은 무역수지(수출과 수입), 투자 자금의 이동, 미국의 경제 상황 등에 따라 달라집니다. 달러의 가치가 비싼지 싼지를 알려주는 지표가 6개국 통화와 비교한 '달러 인덱스'입니다. 100을 기준으로 높다 낮다를 판단합니다.

우리나라 사람들의 미국 주식 투자금이 1,186억 달러가 넘었습니다(2024년 12월 24일 기준). 인공지능이나 반도체로 대표되는 주요 IT 기업의 선전, 미국 기준 금리 인하로 해석되는 경기 상승 기대감도 있지만, 환율 상승에 따른 환차익도 무시할 수 없습니다. 미국 증시 투자는 글로벌 경제를 체험적으로 이해하기 위해서라도 꼭 갖춰야 할 포트폴리오가 되었습니다.

**4**

# 환율의 변화는
# 물가에 어떤 영향을 주는가

## 환율

강달러, 약달러가 나의 삶과 무슨 연관이 있을까요? 가장 크게는 지불해야 하는 돈이 달라집니다. 요즘은 해외여행도 많이 다니고, 해외 직구도 많이 하다 보니 환율에 예민한 분들이 많습니다. 특히 해외 투자를 하시는 분들이라면 환율 고려를 하고서 투자금을 환전해야지 그렇지 않으면 실현한 차익만큼 고스란히 환율로 까먹는 일이 발생합니다. 그래서 과거보다 환율에 대한 이해도가 높은 분들이 많습니다.

우리나라는 무역 의존도가 높습니다. 그러다 보니 환율에 따라 무역의 흐름이 시시각각 변화합니다. 무역은 수출과 수입으로 나뉘는데, 환율은 각각 반대 방향의 힘으로 작용합니다. 수출은 우리나라 경제 성장률 증가 및 대기업 실적과 관련이 깊고, 수입은 경제 성장률 하락 및 우리나라 물가와 밀접한 관련이 있습니다. 우선 이해하기 쉬운 수입과 물가의 관계부터 알아보겠습니다.

2023년 말부터 한국에서 일본으로 가는 여행객이 증가했습니다. 가장 큰 원인으로 '엔저'를 들고 있습니다. '엔저'란 엔화의 가치가 낮아졌다는 뜻입니다(원화의 가치는 상대적으로 높아진 것이 됩니다). 2023년 4월 100엔이 약 1,000원 정도였는데, 2024년 2월에 900원 정도로 무려 10% 정도가 싸졌습니다. 일본 여행을 가서 똑같은 서비스를 받는데, 우리나라 사람들은 현지인들에 비해 10%의 비용을 덜 내도 된다는 것을 뜻합니다. 즉 일본인이 느끼는 물가는 그대로지만, 한국인이 느끼는 물가는 상대적으로 싸졌습니다. 일본인에게는 가격 변화가 전혀 없지만 한국인에게는 가격이 점점 낮아지는 상황, 바로 환율이 부리는 마법입니다.

## 환율과 물가

미국 달러에 마법이 걸리는 상황을 생각해보겠습니다. 반드시 미국 달러를 줘야 살 수 있는 상품, 우리나라에는 없지만 가장 많이 필요로 하는 상품, 원유입니다. 1부의 원유 파트를 꼼

꼼히 읽었다면 유가 변동에 따라 물가가 같이 출렁거리는 것을 충분히 이해했을 것입니다. 원유의 구매 과정을 생각해보면 가격이 변하는 포인트를 두 곳으로 나눌 수 있었습니다. 첫 번째는 바로 생산지 가격입니다. 산유국들이 원유를 파는 가격의 변화입니다. 두 번째는 원유를 사는 데 필요한 달러 구매 가격의 변화입니다. 바로 환율에 따른 가격 변화입니다. 이번 챕터는 미국 달러를 둘러싼 이야기인 만큼, 생산지 가격은 배럴당 100달러로 고정하고, 환율만 움직인다고 가정하고 설명해보겠습니다.

환율(달러의 가격)이 1달러 1,000원에서 1달러 1,200원으로 인상이 되었습니다. 우리나라 입장에서 원유를 수입하기 위해 들어가는 비용은 20% 상승한 것이 됩니다. 물가는 어떻게 될까요? 환율이 오르자 원유 수입 가격이 오르고, 원유를 사용하는 휘발유나 경유 가격이 오르고, 원유로 만드는 석유 제품 가격이 오르고, 원유를 사용하는 상품의 원가가 오릅니다. 원유와 관련되지 않은 상품이 없다 보니, 거의 모든 물가가 다 오릅니다. 원유 가격의 인상이 없었음에도 환율 인상만으로 우리나라의 물가는 크게 영향을 받습니다. 다른 예도 있습니다. 우리나라는 농축산물 수입도 많이 합니다. 이때 결제를 달러로 합니다. 즉 원달러 환율이 오르면 현지의 농축산물 가격은 변하지 않더라도 수입 비용은 더 오릅니다. 비싸게 사온 물건을 싸게 파는 기업은 없습니다. 당연히 환율로 증가된 비용은 판매 가격으로 고스란히 반영됩니다. 이처럼 환율의 변화는 거의 모든 물건의 가격에 영향을 미칩니다.

요약해보면 이렇습니다. 우리나라는 무역의존도가 높은 나라로 환율이 변한다고 해도 필수품은 수입할 수밖에 없습니다. 원달러 환율이 오르면 수입품 가격은 오를 수밖에 없고 결과적으로 물가가 오르게 됩니다. 이를 단순하게 표현하면 '원달러 환율 인상 = 물가 상승'이라고 정리할 수 있습니다. 그 반대는 '원달러 환율 인하 = 물가 인하'로 요약할 수 있습니다.

조금만 더 나가보겠습니다. 환율의 변화에 따라, 원유의 가격 변화에 따라 물가가 오르내린다고 했습니다. 그럼 경우의 수를 몇 가지 더 따져볼 수 있습니다. 첫째, 원유 가격이 오르고 환율도 오르는 경우입니다. 그럼 물가는 엎친 데 덮친 격으로 곱빼기로 오르는 효과가 생깁니다. 정 반대로 원유의 가격이 내렸는데 환율도 내립니다. 그럼 물가는 할인 행사 기간에 할인 쿠폰을 더하는 것처럼 중복 할인을 받게 됩니다. 조금 더 복잡한 경우로 유가는 오르는데 환율이 내리는 경우와 유가는 내리는데 환율이 오르는 경우입니다.

우리나라가 수입해야 하는 물건은 원유가 가장 중요하지만 다른 것도 많이 있습니다. 반도체 중간재나 각종 원자재, 농축산물도 중요한 자원입니다. 즉 환율이 오르면 원유 가격이 내려도 물가가 오를 가능성이 더 높고, 환율이 떨어지면 원유 가격이 올라도 물가는 안정적일 가능성이 더 큽니다. 즉 원유가 보다 환율이 더 영향력이 큽니다.

---

정리해보겠습니다. 미국 달러는 전 세계 기축 통화로 전 세계 무역 거래의 80% 이상에서 결제 통화로 사용됩니다. 그래서 환율의 변화는 직접적으로 우리나라 무역에 영향을 끼치고 수입 측면에서는 물가를 움직이는 중요한 요소로 작용합니다. 앞으로 뉴스를 볼 때 환율이 오른다고 하면 '해외여행을 못가겠네' 또는 '직구를 미뤄야겠네'라는 생각에 더해 '물가가 오르겠구나'라고까지 생각하는 게 정석입니다. 반대로 환율이 내린다고 하면 물가가 안정되겠네 라고 생각하면 됩니다.

그리고 유가와 환율 중 어느 것이 우리 경제에 미치는 파급력이 클까를 따져보면, 최근 10년의 추세에서는 유가보다 환율의 영향이 더 큽니다. 바로 위에서 말씀 드린 것처럼 원유가격의 변화는 우리나라가 반드시 수입해야 하는 상품 중 하나의 변화입니다. 그에 비해 환율의 변화는 전체 수입품과 수출품의 가격에 영향을 미칩니다. 한국금융연구원의 연구에 따르면, 환율 상승이 수입물가 상승에 미치는 영향이 상당하며 이는 소비자물가 상승의 약 1/3에 해당한다고 합니다.

2010년대 중반부터 원화 가치가 약세를 면치 못했고, 2020년 넘어와서는 코로나와 우크라이나-러시아 전쟁, 미국의 금리 인상으로 1달러 1,400원이 뉴노멀이 된 상황입니다. 앞으로 우리는 유가에 대한 뉴스보다 환율에 대한 뉴스에 좀더 크게 반응해야 할지도 모릅니다.

이렇게나 중요한 환율, 우리 경제를 생각하면 마냥 떨어지기만 기도하면 될까요? 반드시 그래야만 하는 것은 아닙니다. 환율과 수출의 관계를 보면 또 다른 이야기가 펼쳐집니다. 다음 글에서는 환율과 수출에 대한 이야기로 넘어가겠습니다.

# 5

# 환율은 수출 실적에
# 어떤 영향을 주는가

## 달러와 수출입

유가를 비롯해 수입 물가의 변화와 환율에 대한 관계를 이야기했습니다. 이번에는 수출 관점에서 환율 변동이 어떤 영향을 주는지 살펴보겠습니다.

환율의 변동에 따른 수출입의 영향을 일반적으로 요약하게 되면, 환율 인상은 수출 기업에는 유리하지만 가계에는 불리하고, 환율 인하는 수출 기업에는 불리하지만 물가 안정에는 도움을 주어 서민 경제에 이롭다가 됩니다. 예를 들어 환율이 200원 인상되면 수출 기업은 1억 달러를 수출했을 때 1,000억 원이 아닌 1,200억 원 매출을 얻게 됩니다. 환율만으로 고스란히 앉아서 추가 매출을 얻은 것입니다. 이렇게 환율의 변동으로 얻은 이익을 '환차익'이라고 합니다. 반대로 손해를 본 것을 두고는 '환차손'이라고 합니다.

수출 기업이 유리해지는 상황을 미국 소비자 입장에서 생각해 보겠습니다. 강달러 시기에는 미국의 수입 물가가 내려가는 효과가 생깁니다. 상품 가격 하락으로 미국 소비자의 수입품 구매가 늘어나는 만큼 한국을 비롯한 수출 기업의 매출은 증가합니다. 한국의 수출 기업은 판매량이 늘고 환차익을 보면서 실적이 개선됩니다. 반대의 경우도 생각해볼까요? 약달러가 되면 미국 소비자 입장에서는 수입품 가격이 오르고, 그로 인해 소비를 줄이게 되면 한국 기업의 수출 실적은 감소합니다. 환율로 인한 환차손과 수요 감소에 따른 매출 감소로 실적 부진을 겪습니다.

## 강달러 약달러

그러면 미국으로 완성차를 수출하는 현대기아자동차 입장에서는 환율 인상과 환율 인하 중 어느 쪽이 더 좋을까요? 앞에서 설명한 대로라면 약달러보다 강달러 상황이 더 좋습니다. 하지만 정말 좋은지는 몇 가지를 더 따져봐야 합니다.

첫 번째로 미국 달러에 대한 각 나라의 환율 상황이 다른 경우입니다. 미국 시장에 자동차를 가장 많이 수출하는 일본은 기본적으로 우리나라 자동차 수출 기업과 똑같은 입장입니다. 강달러 상황이 자신들의 차량 판매가를 낮출 수 있는 기회가 됩니다. 통상 소비자가 차를 선택할 때 환율을 고려해서 택하진 않습니다. 일단 판매가 자체가 저렴해야 한 번 더 눈길을 주게 됩니다. 우리나라 자동차도 경쟁국인 일본 차에 비해 미국 소비자에게 더 어필하기 위해서는 일본의 엔화 가치가 강세(엔달러 환율이 낮거나)이거나 적어도 원화보다 약세가 덜해야 합니다. 동일한 가격의 한국 자동차와 일본 자동차가 있고 오로지 환율의 변화만으로 가격이 오르고 내려간다면, 당연히 원화 가치가 더 많이 하락해야 한국차가 조금이라도 더 싸게 느껴지기 때문입니다. 그래서 수출 기업 입장에서는 우리 환율의 변화뿐만이 아니라 경쟁 기업이 속한 국가의 환율도 수출 실적의 변수가 됩니다.

두 번째는 환율이 예상밖으로 오르는 경우입니다. 환율 인상은 수출에 도움이 되지만, 양날의 검처럼 완제품을 만드는데 필요한 원자재 수입을 위해서는 오히려 돈을 더 줘야 하는 일도 생깁니다. 이때 기업에서 감내할 수 없는 수준으로 수입 원자재의 가격이 오른다면 제품 가격을 올릴 수밖에 없고 결과적으로 환율 인상으로 확보한 경쟁력을 잃어버리게 됩니다. 우리나라 수출 산업 중 수입 원자재 없이 만드는 제품은 거의 없다고 봐야 합니다. 반도체를 만들려고 해도 원자재 수입을 해야 하고, 어마어마하게 들어가는 전기 생산을 위해서도 석탄을 수입해서 터빈을 돌려야 합니다(우리나라 발전량의 제일 많은 비중이 화력 발전소입니다). 자동차도 강판을 만들려면 철광석이 필요하고 용광로를 운영하려면 석탄이나 전기 사용이 필수입니다. 그래서 환율 인상이 수출 기업에 도움이 되기도 하지만, 예상을 벗어난 환율 변동은 오히려 독이 됩니다. 또 달러로 표시로 된 부채를 가지고 있는 경우도 있습니다. 보통 달러로 표시로 된 자금을 차입하고 이자를 갚으면서 만기가 될 때 새롭게 대환대출(다른 대출로 갈아타는 것)을 하는데 환율이 오른다면 더 많은 돈을 필요로 하게 됩니다.

환율 인상으로 수혜를 보는 수출 기업(업종)들이 있다면, 손해를 보는 기업(업종)도 있습니다. 유가 이야기 할 때 예를 들었던 항공사가 대표적입니다. 항공사 입장에서는 환율 인상이 되면 항공유 가격이 오르고 달러로 정산해야 하는 각종 비용이 올라갑니다. 결국 비행기 티켓 가격을 올리게 됩니다. 여행객 입장에선 비행기 티켓 가격이 오르고 여비도 오르는 만큼, 여행을 포기하는 일이 늘어납니다. 항공사 입장에서는 이래저래 수요는 급감하는데, 비용은 증가하는 어려움에 처하게 됩니다. 대신 달러를 가진 사람들은 한국에 오기 좋은 때가 됩니다. 그런데 환율이 올라 우리나라 관광 업종 실적이 좋아진다는 얘기는 들어본 적이 없는 것 같습니다.

환율 인상은 기업에도 부담이지만 개인에도 부담이고 국가에도 부담입니다. 개인 입장에서 달러로 대금 지급을 해야 하는 해외 직구 비용, 해외에 있는 자녀를 위한 유학비 송금 비용 등이 증가합니다. 과거 1997년 IMF 외환 위기, 2008년 세계금융 위기 때 많은 유학생들이 학업을 포기하고 국내로 돌아왔습니다. 천정부지로 높아진 환율을 부담하기가 너무 힘들었기 때문입니다. 국가 차원에서는 '외환 보유고' 확보를 위해 달러가 필요합니다. 외환 보유고는 말 그대로 다른 나라 화폐를 얼마나 가졌는지를 보여주는 지표입니다. 꼭 달러로만 외환을 갖고 있어야 하는 것은 아닙니다. 하지만 통상 달러를 보유하고 있습니다. 외환 보유고가 중요한 이유는 정부가 빌린 외화 표시 채권을 상환하는 데 필요한 돈이기도 하고 수출입을 지원하는 자금으로도 중요하기 때문입니다. 그리고 더 큰 목적은 환율을 안정적으로 관리하기 위해서입니다.

## 달러 부족이 불러온 위기

중년 이상의 국민에게 트라우마를 남긴 IMF 외환 위기는 우리 기업이나 산업의 경쟁력 부족 때문보다는 일시적인 달러 고갈로 일어난 사건입니다. 달러가 탈탈 털려 하나도 없다 보니 달러 빚을 갚을 방법이 없게 되어 맞은 위기입니다. 정부는 이때 IMF에 돈을 빌리면서 이들의 요구 사항을 대폭 수용

합니다. '달러 기반의 세계화에 동참'하는 것으로 하루 10% 변동폭으로만 운용하던 '시장평균환율제도'에서 이론적으로는 변동폭 제한이 없는 '자율변동환율제도'로 바뀌게 됩니다. 이때를 기점으로 한국의 금융 시장이 본격적으로 개방이 됩니다. 해외의 대규모 자금들이 제집 드나들듯 들어와 활보해도 손 쓸 도리가 없어진 것입니다. 실제로 IMF 구제 금융을 받던 당시, 탐욕스러운 해외 자본들은 헐값에 나온 우리나라의 주요 자산 등을 싸게 매집했다 몇 년 뒤 엄청난 차익을 보고 되파는 일을 벌였습니다. 대표적으로 론스타라는 해외 사모펀드가 외환은행을 헐값에 매입한 사건이 있습니다. 론스타는 몇년 뒤 하나은행에 엄청난 차익을 남기고 외환은행을 되팔았습니다. (이 사건은 아직도 논란의 와중에 있습니다. 론스타에서는 더 큰 이득을 볼 수 있었는데, 한국정부 때문에 이익이 줄었으니 정부가 배상해야 한다는 소송을 냈고 아직 다투는 중입니다.)

아무리 원화가 많아도 달러가 없으면 무의미한 것이 국제거래입니다. 달러가 부족해서 발생하는 외환 위기 사태는 우리나라 말고도 동남아 국가에서도 일어났습니다. 하지만 미국에서는 외환 위기가 절대 일어날 수 없습니다. 달러가 부족하면 찍어내면 그만이기 때문입니다. 우리나라는 미국 달러를 확보하기 위해 열심히 수출하고 관광객을 유치하고 K-드라마를 팔면서 경상수지 흑자를 만들기 위해 애를 써야 합니다. 하지만 미국은 이미 무역에서 그리고 국가 재정에서도 수십 년째 적자임에도 외환 위기 따위는 존재하지 않습니다. 다른 나라들이 열심히 일해서 달러를 벌 때, 미국은 화폐를 찍기만 하면 그만입니다. 이것이 절대 강국 미국의 치트키입니다.

　미국이 얄밉다고 "미국 망해라!"라고 빌기도 어렵습니다. 미국 달러 가치가 한없이 낮아져 '종이 쪼가리'가 되면 미국 경제가 폭망하고 앞으로 회생 가능성이 없어진다는 뜻이 됩니다. 미국이 차지하고 있는 전 세계 GDP의 30%가 사라지고 중국이나 인도, 우리나라 등 전 세계 국가들이 미국과 거래하면서 창출되던 GDP도 같이 사라진다는 의미입니다. 더해서 각국이 보유한 미국 달러 기반의 모든 자산도 종이 쪼가리가 되는 것입니다. 즉 미국 달러의 가치가 사라지는 일이 생기면 전 세계 어느 나라도 온전할 수가 없습니다.

──

정리해보겠습니다. 수출이 중요한 이유는 달러를 벌어들이는 주요 수단이기 때문입니다. 우리나라 경제는 수출 중심의 구조를 갖추고 있습니다. 수출을 통해 달러를 확보해야 경제 활동이 원활히 이루어집니다. 특히 수출 기업에게는 환율 상승이 유리할 수 있는데, 이는 자국 통화(원화) 가치가 하락하면서 상품 가격이 낮아져, 해외 소비가 증가하는 효과가 생기기 때문입니다. 한마디로 수출 품목의 가격 경쟁력이 올라가기 때문입니다. 하지만 수출 기업이 얻는 이익에는 한계가 있습니다. 수입 원자재나 부품 가격도 동반 상승하는 경우가 대부분이라 결국 비용 부담도 증가하기 때문입니다.

수출을 통한 달러 수급 관리도 있지만 정부는 별도로 국제 거래에 필요한 외화를 관리합니다. 바로 외환 보유고입니다. 정부가 보유한 외화 자산으로 시장의 안정성을 유지하고, 위기시 변동성을 조절할 용도로 사용합니다. 1997년 IMF 외환 위기는 외환 보유고가 고갈되면서 발생한 위기입니다. 우리의 실물 경제가 아주 형편없었던 것이 아니라 일시적 유동성으로 인한 위기였습니다. 이 사건으로 우리나라 경제가 미국 주도의 글로벌 금융 체제로 본격적으로 편입되었습니다.

외환을 관리하는 능력은 국가 경제의 안정성에 중요한 영향을 미칩니다. 이는 단순히 수출을 잘하고 못하고의 문제가 아니라, 국가 차원에서 필수 자원(달러)을 안정적으로 관리하는 일을 의미합니다.

# 6

# 주식 시장을 좌우하는 달러

## 달러와 주식 시장

이번에는 달러와 주식 시장과의 관계를 살펴보겠습니다. 달러에 대해 공부하고 있는 만큼 개별 종목이나 업종보다 시장 중심으로 연관성을 살펴 보겠습니다. 요즘은 우리나라 주식 시장을 '국장'이라고 부릅니다. 우리나라 말을 국어라고 부르는 것과 비슷한 맥락입니다. 국장이 아닌 해외시장의 대표 선수는 가장 많은 사람이 투자하는 '미장'(미국 시장)입니다. 국장과 미장, 두 시장은 일단 크기에서부터 엄청난 차이를 보입니다. 시가 총액 기준으로는 약 스무 배 이상입니다. 전 세계를 대상으로 투자하는 사람이라면 당연히 주력은 미국 시장 일

거고, 우리나라는 성장 가능성을 보면서 분산 투자하는 정도입니다.

국내 주식 시장의 투자자를 구분하면 크게 외국인(외인), 기관, 개인(개미)이 있습니다. 절대적인 참여자 수는 압도적으로 개인이 많지만, 굴리는 금액은 압도적으로 외국인과 기관이 높습니다. 몇 년 전부터 '동학 개미'라는 말이 등장했습니다. 동학 개미란 외국인들이 주식을 내던지고 팔자를 외칠 때 오히려 사들이면서 주가를 방어하는 개인을 일컫습니다. 이들이 주목받게 된 배경에는 외국인이나 기관에게 휘둘렸던 개미들이 오히려 시장을 주도했다는 점 때문입니다. 동학운동에서 역사적 의미를 빌려 올 만큼 특별했다고 할 수 있습니다(동학운동은 조선 후기 피지배층 농민들이 지배계급인 사대부 및 탐관오리에 대항해서 일으킨 사건입니다).

## 달러가 움직이는 조건

'동학 개미'라는 말을 쓸 정도로 개인 투자자가 많이 늘었다고 하지만, 여전히 우리나라 주식 시장은 외국인과 기관들이 쥐락펴락하고 있습니다. 이들이 한국 시장을 어떤 기준을 갖고서 판단하는지 살펴보겠습니다. 이를 알면 해외 큰 손들의 움직임을 어느 정도 가늠해볼 수 있습니다.

첫 번째는 투자 관련 지수입니다. 뉴스에서 가끔 MSCI 지수라는 게 소개되는데, 미국의 대형 금융사인 모건 스탠리의 자회사인 모건 스탠리 캐피탈 인터내셔널(MSCI)에서 만든 지수입니다. 각 나라마다는 자국 기업이 상장되어 있는 주식 시장이 있습니다. 하지만 이들 시장은 각각의 지수를 뽑는 기준이 다르기 때문에 일률적으로 비교하기가 어렵습니다. 그래서 이를 하나의 기준으로 통일해서 볼 수 있도록 개발한 지표가 MSCI입니다. 이 지수는 약 13조 달러에 달하는 글로벌 펀드의 투자 기준 역할을 할 만큼 시장에서 널리 활용되는 지수입니다. 지수는 전 세계 주식 시장을 선진 시장(DM), 신흥 시장(EM), 프런티어 시장(FM), 독립 시장 이렇게 네 곳으로 나눕니다. 가장 큰 선진국 시장에는 미국, 일본 호주, 싱가포르 등 23개국이 속해 있고, 우리나라는 중국, 대만, 인도 등과 함께 신흥국(27개) 시장으로 분류됩니다. 전체 투자 비율 중 선진국 시장이 약 70%를 차지합니다. 예를 들어, 선진국과 신흥국 시장에 투자금을 나누고 싶을 때 혹은 선진국에만 투자하고 싶을 때, 이러한 판단을 스스로 기준을 갖고서 하기보다는 MSCI 기준(선진 시장이냐 신흥 시장이냐 등)에 맞추는 것이 훨씬 효율적입니다. 만약 우리나라가 선진국 지수에 포함된다면 지금보다 훨씬 더 많은 투자를 받을 수 있습니다. 그러면 늘어나는 투자 수요에 따라 주가도 함께 오릅니다. 그래서 MSCI 지수에 편입되도록 정부 차원에서 노력을 기울인다는 소식이

한동안 뉴스로 많이 나왔습니다. 하지만 아직은 신흥시장에 머물러 있는 상황입니다. 어떻게 보면 막강한 영향력을 가진 해외 기관들이 MSCI라는 지수를 통해서 한국 시장을 컨트롤한다고도 볼 수 있습니다.

두 번째 판단 기준은 환율입니다. 외국인 입장에서 원금은 달러입니다. 즉 아무리 원화 수익금이 많더라도 달러로 환산했을 때 이익이 나느냐 그렇지 않느냐가 중요합니다. 환율이 상승하는 국면이라면 원화에서 아무리 수익이 나더라도 환차손 때문에 수익이 줄어듭니다. 외국인들은 강달러(=원화 약세, =환율 인상)가 지속되면 투자금을 갖고서 한국 시장에서 나와 미국 시장으로 움직이려 합니다. 반대로 약달러(=원화 강세, =환율 인하)가 지속되면 미국 시장에서 한국 시장 혹은 다른 나라 시장으로 이동합니다.

세 번째 판단 기준은 기준 금리입니다. 앞에서 설명한 내용이니 간단히만 언급하겠습니다. 미국의 금리가 높은데 굳이 한국 시장에서 돈을 굴릴 필요가 없습니다(환율과 마찬가지입니다). 외국 투자자들은 돈을 싸들고 미국으로 갑니다. 이 말인즉슨, 한국 증시에 투자한 돈(달러)을 회수한다는 뜻이 됩니다.

네 번째 기준은 경제성장률입니다. 경제가 성장한다면 일반적으로 기업도, 가계도, 국가도 성장합니다. 기업의 성장에 비례해 주가도 오르게 됩니다. 단순화하면 경제가 성장할 것 같은 나라, 그중에서도 높은 성장률이 있을 것 같은 나라에 투자하는 것이 상식이라는 결론이 나옵니다. 미국의 경기가 계속 호황이라는 기사가 나오면서 동시에 우리나라의 가계 부채가 늘어난다는 기사가 나온다면 선택은 명확해집니다. 투자자들은 미국으로 자금을 옮기는 선택을 할 것입니다. 꼭 우리나라와 미국 사이의 관계뿐만이 아니라 미국과 EU, 미국과 일본, 미국과 동남아 관계에서도 마찬가지입니다. 게다가 이때는 우리나라와 비슷한 수준의 나라들은 경쟁자가 됩니다. 얼마 전까지만 해도 가장 큰 경쟁자는 중국이었습니다. 중국으로 투자금이 몰려가면서 중국 증시는 상승했지만, 국내 증시는 그렇지 못했습니다. 그러다 미국과 중국의 사이가 냉랭해지고 갈등이 커지기 시작하자 투자자들은 중국에서 돈을 빼서 다른 투자처를 찾기 시작했습니다. 2023년도 기준 새롭게 찾아낸 투자처는 인도와 동남아 그리고 일본이었습니다. 인도와 동남아는 높은 성장률 관점에서, 일본은 기준 금리를 인상할 것이라는 관점에서 우리나라보다도 더 큰 인기를 끌었습니다. 우리는 이들과 경쟁해서 달러를 유치해야 합니다. 그래야 주식 시장이 활성화됩니다.

외국인들의 투자 판단 기준 다섯 번째는 정치적인 문제입니다. 이른바 '코리아 디스카운트'입니다. 2024년에 이야기되는 국내 증시의 K-디스카운트는 기업들의 지배 구조와 상법 등 기업에 초점이 맞춰져 있습니다. 그동안 주요 대기업들은 자신들에게 투자해준 일반 주주들에게 이익을 환원하기보다는 오너 일가의 이익을 챙기는 것에 몰두했습니다. 이를 해결하고자 정부는 '밸류업' 프로그램을 강하게 추진 중입니다. 하지만 시장은 여전히 의구심을 표합니다. 해외 투자자들 역시 한국 기업의 주주 환원을 믿지 못하겠다는 입장입니다. 그리고 정치적 환경도 중요합니다. 북한 리스크는 고질적인 K-디스카운트 요소입니다. 북한과 긴장관계가 높아질수록 외국인 투자자들은 불안감을 느낍니다. 극단적인 상상을 해보면 한반도에서 전쟁 발발시 모든 투자금은 재가 될지도 모릅니다. 그러니 남북관계에 대한 불안감이 가중될수록 외국인들은 투자금을 빼서 다른 안정적인 국가로 투자처를 옮기려 합니다. 안타까운 일이지만, 2024년 12월 발생한 대통령의 계엄령과 이후 탄핵까지의 과정에서 주가가 떨어지고 환율이 오르는 이유 역시도 불안감 때문입니다. 경제가 가장 싫어하는 것이 '불확실함'입니다.

## 넘치는 달러

돈에는 국적도 없고 정치 성향도 없습니다. 수익만 좇을 뿐입니다. 한 나라의 경제를 휘청거리게 하는 돈의 출처를 캐다 보면 결국 미국 달러로 이어집니다. 달러가 기축 통화가 되었을 초창기에는 이 정도까지는 아니었습니다. 브레턴우즈 체제에서는 보유하고 있는 금의 양만큼만 달러를 발행했기 때문에 돈의 수량에는 한계가 있었습니다. 그러다 금본위제라는 족쇄를 벗어난 이후 달러는 미국뿐만이 아니라 전 세계로 퍼져 나가 규모를 키웠습니다. 80년대의 세계화, 90년대의 아시아 외환 위기, 2000년대의 금융 위기, 2010년대의 코로나 위기 등 경기 침체가 올 때마다 달러 기반의 금융 시장 산하로 전 세계의 돈이 몰렸습니다. 기축 통화인 달러와 세계 1등 시장이라는 지위를 이용해 자국의 경제가 어려우면 돈(달러)을 찍어내고, 다른 나라 경제가 어려우면 돈(달러)을 빌려주면서 전 세계에서 유통되는 달러의 양을 계속해서 늘렸습니다.

전 세계에 달러가 흘러넘칠 지경에 이른 지금, 금융 시장의 경계는 점점 흐릿해지고 있습니다. 흘러넘치는 달러는 외국인 투자금, 외국인 자금, 검은 머리 외국인 등의 이름으로 불리며 국내 금융 시장뿐만 아니라 세계 금융 시장을 옮겨 다니며 이익을 좇고 있습니다. 그러다 보니 한국 주식 시장도 기업의 실적이나 장래성보다는 외국인 투자자나 기관 투자자의 돈의 흐름에 더 큰 영향을 받고 있습니다.

정리해보겠습니다. 국내 주식 시장의 주요 참여자는 외국인, 기관 투자자, 그리고 개인 투자자(개미)입니다. 이 중에서도 외국인의 자금이 가장 큰 비중을 차지하고 있습니다. 외국인 투자자들의 자금원은 결국 달러입니다. 외국인 투자자들은 주식 시장에 대한 접근을 글로벌 금융 시장에서의 이익 추구라는 관점에서 진행합니다. 이들은 다양한 경제 지표, 환율, 기준 금리, 정치적 안정성 등을 참고하여 투자 결정을 내립니다. 이들의 투자 성향은 투자와 투기를 구분하기 어려울 만큼 이익만을 최우선적으로 추구합니다. 그래서 어떤 나라의 정부나 시장이 빈틈을 보이면 놓치지 않고 달려듭니다.

한국의 주식 시장이 저평가되었다는 이야기가 지속적으로 나오는 이유도 기업의 실질적 성장성이나 시장 잠재력을 기반으로 한 투자보다는 경제 환경(환율, 금리, 정치적 상황 등) 변화에 따른 투자, 즉 자금 유입과 유출이 잦은 투자가 많기 때문입니다. 그렇다고 해서 외국인 자금의 유입을 막는 것은 현실적으로 불가능하고 바람직하지도 않습니다. 정도의 차이만 있을 뿐 개미나 기관도 자금을 투자하고 수익을 얻고자 하는 목표는 다르지 않기 때문입니다. 결국 기업도 이런 돈을 활용해서 연구 개발을 하고, 새로운 신규 사업을 진행합니다.

자금 이동에 국경이 없어진 세상이다 보니 우리나라의 개인 투자자들도 서학 개미가 되어 해외 주식 시장, 특히 미국 증시로 투자를 많이 하기 시작했습니다. 미국 입장에서는 우리나라의 서학 개미들이 외국인 자금이 됩니다. 이처럼 전 세계 경제는 달러를 기반으로 상호 작용하고 있으며, 개미를 포함한 모든 투자자는 이러한 글로벌 경제 환경에 영향을 받고 있습니다.

# 7

# 달러의 대체재 금과
# 가상 자산

## 달러와 금(안전 자산)

달러와 금값은 반대로 움직인다고 하는데, 맞는 얘기일까요?
일반적으로는 맞습니다. 금과 달러는 안전 자산으로 상호 대
체재의 역할을 하기 때문입니다. 앞서 석유와 금을 비교하며
안전 자산에 대해 한 번 언급한 적이 있는데. 안전 자산과 대
체재의 개념까지 다시 한번 머리에 담아 보겠습니다.

안전 자산은 위험한 상황에서도 가치를 유지하는 자산을
말합니다. 여기서 말하는 위험한 상황이란 돈을 빌려주고 다
시 못 받는 채무 불이행, 샀을 때보다 가격이 하락해서 생기는
손실, 인플레이션으로 가치가 녹아버리는 경우 등 입니다. 그

런데 이런 것과 상관없이 일정하게 가치를 유지하는 것이 안전 자산입니다. 이중 개인이 쉽게 접할 수 있는 것으로 위험이나 손해 볼 일이 없는 '정기 예금'이 있습니다. 안전 자산의 반대는 위험 자산입니다. 우리가 투자하는 상품의 대부분은 위험 자산에 속합니다. 수익을 볼 수도 있지만 손해도 볼 수 있는 자산입니다. 대표적으로 주식이나 부동산은 위험 자산에 속합니다.

금이 안전 자산임은 그동안의 역사가 말해주고 있습니다. 경제라는 개념이 생겨나기 전, 아니 인간의 역사가 시작되면서부터 금은 가치 있는 물건의 역할이자 상징이었습니다. 전쟁으로 피난 갈 때 돈보다 금붙이를 챙기는 것은 자연스러운 일이었습니다. 세상이 망할 것 같고 난리가 날 것처럼 불안할 때도 금은 사람들에게 안도감을 줬습니다. 금은 가격 변동이 되더라도 '휴지 조각'이 되는 일은 없었습니다. 금의 유일한 약점은 환금성입니다. 땅이나 건물 같은 부동산은 이를 팔아서 현금화하는 데 오래 시간이 걸립니다. 마찬가지로 금도 특별한 경우가 아니고서는 필요한 물건을 사는 데 쓰기가 어렵습니다. 간혹 금을 받는 사람도 있겠지만 대부분은 현금을 원합니다. 금을 받아도 이를 다른 곳에서 사용하려면 다시 현금으로 바꿔야 하기 때문입니다.

그러면 환금성이 좋으면서도 안전한 자산이 뭐가 있을까

요? 바로 국가에서 발행한 화폐나 채권입니다. 국가가 보증까지 한다면 나라가 없어지지 않는 한 떼일 리가 없습니다. 그럼 여러 나라 중 누가 보증하는 화폐나 채권이 가장 안전할까요? 전 세계가 사용하는 화폐인 기축 통화가 달러인 것을 생각해보면, 미국 달러와 미국 정부가 발행한 채권이 가장 안전합니다. 그런데 미국의 부채가 점점 늘어나고 국가 신용도가 하락하는 상황인데 정말 안전하냐고 묻는다면, 그건 개인의 판단에 맡길 수밖에 없습니다. 하지만 현실적으로 미국 달러를 믿지 않으면 대체 어느 나라의 돈을 믿겠느냐고 되물을 수밖에 없습니다. 미국도 망할 수 있겠지만 그 지경이 오면 세계 경제 또한 거의 갈 때까지 가는 수준이 될 것입니다.

원래 화폐와 금은 딱 붙어 있었습니다. 금본위제라고 해서 앞서 몇 번 살펴본대로 제1차, 2차 세계대전을 겪으면서 기축 통화의 자리를 달러가 차지하면서 달러의 금 태환을 인정하는 브레턴우즈 체제가 시작되었고, 1960년 후반 베트남전과 미국 내 인플레이션 등으로 달러 대비 금 준비가 불가능해지자 1971년 미국의 닉슨대통령은 금본위제를 폐지하고 고정 환율제에서 변동환율제로 바꿔버렸습니다. 결과적으로 미국 달러는 기축 통화 지위를 유지하면서도 금과는 독립적으로 움직이는 자유를 갖게 되었습니다.

## 대체재 관계인 달러와 금

안전 자산으로서 금과 달러에 대해 얘기했습니다. 이번에는 대체재입니다. 대체재를 설명하려면 보완재에 대해서도 알아야 합니다. 보완재는 '함께 하면 좋은 상품'으로 햄버거 가게의 세트 메뉴를 생각하면 됩니다. 햄버거 가게를 가면, 햄버거만 먹는 사람보다 세트 메뉴를 선택하는 사람이 더 많은데, 그 이유는 같이 먹으면 더 저렴하고 맛있게 먹을 수 있기 때문입니다. 햄버거와 탄산 음료 그리고 감자 튀김은 서로 보완재 역할을 합니다. 대체재는 소고기와 돼지고기의 관계를 생각하면 이해가 쉽습니다. 소고기가 비싸지면 사람들이 돼지고기를 찾습니다. 그러다 돼지고기 수요가 상승해 가격이 오르면 상대적으로 저렴해 보이는 소고기를 다시 찾습니다. 이처럼 '꿩대신닭'같은 상품이 대체재입니다.

금이 소고기라면 달러는 돼지고기나 닭고기라 상상하면 금과 달러의 가격이 왜 반대로 움직이는지 알 수 있습니다. 금과 달러는 현재 금융 시장에서 안전 자산이면서 동시에 서로에게 대체재 역할을 하고 있습니다. 따라서 강달러 상황이 되어 달러의 가치가 오르게 되면 대체재 성격인 금의 가격은 약세가 됩니다. 반대로 약달러가 되면 강세로 바뀝니다. 보통 투자는 미래 시점을 놓고 판단합니다. 지금 미국 경기가 좋지만 앞으로 약해 질 것 같으면 달러는 약세가 됩니다. 그러면 달러를 금으로 바꾸는 것이 좋을 거라는 판단을 하게 됩니다. 이때 금 값은 상승기에 접어듭니다.

## 달러와 비트코인

최근에는 달러와 금 이외에 안전 자산 후보로 비트코인으로 대표되는 가상 자산이 등장했습니다. 가상 자산은 기술적으로 블록체인 기반으로 만들어져 위변조가 불가능하다는 특징이 있습니다. 그리고 권위나 권력을 가진 누군가에 의해서 통제되지 않는 탈중앙화라는 특징도 갖고 있습니다. 현재의 통화 시스템은 국가의 통제하에 있는 중앙화 시스템을 따릅니다. 연준이 달러 발행을 통제하고 한국은행이 원화 발행을 통제하는 것입니다. 화폐를 발행하고 통화량을 결정하고 거래를 증명하는 일은 중앙은행과 시중은행들이 하는 가장 중요한 일입니다. 그런데 중앙은행의 운영도 엄밀하게는 소수의 정치인 혹은 경제인이 한다고 볼 수 있습니다. 연준 의장의 한마디에 전 세계가 귀를 쫑긋 세우기 때문입니다. 가상 자산을 지지하는 사람들은 지금처럼 소수의 사람에게 권력이 집중되는 구조는 옳지 않다고 주장합니다. 그리고 중앙의 통제를 벗어나 개인 간의 거래나 통화 정책으로 나아가는 것이 경제 발전에 더 도움이 된다고 얘기합니다.

아시다시피 가상 자산은 현재 거래가 활발히 이루어지고

있으며 미국에서는 실제 자산으로 인정하는 결정이 조금씩 진행 중입니다. 조만간 기존 제도권 안으로 편입될지도 모릅니다. 하지만 여전히 실체가 없다는 것을 방증하듯 가상 자산의 가격은 널뛰기를 반복합니다. 그러면서 때로는 검은 돈처럼 불법적으로(추적을 피할 수 있어서) 활용되는 일도 많습니다. 아직은 가상 자산의 미래를 명확히 점치기가 어렵습니다. 이들의 주장대로 세상이 바뀌고 경제 시스템이 조정될지는 알 수가 없습니다. 섣부른 판단보다 동향을 살피고 계속해서 뉴스 체크를 하며 꾸준히 관찰하는 것이 중요합니다.

———

정리해보겠습니다. 금과 달러는 모두 안전 자산으로 대체재 역할을 합니다. 안전 자산은 경제 불확실성 속에서도 가치를 유지하는 자산을 의미합니다. 금은 인류의 역사와 함께하면서 안전 자산으로 분류되고 있습니다. 반면, 달러는 기축 통화로서 국가의 보증을 받는 안전 자산입니다. 금과 달러는 금본위제 폐지 이후 독립적이면서 서로 반대 방향으로 움직이는 경향을 갖고 있습니다. 달러 강세는 금 약세를 유도하고, 달러 약세는 금 강세를 유도합니다. 최근에는 비트코인과 같은 가상 자산도 안전 자산으로 떠오르며 중앙화된 통화 시스템의 대안으로 제시되고 있습니다. 탈중앙화된 특성 덕분에 기존

금융 시스템에 대한 대안으로 주목받고 있으나, 아직 미래를 점치기는 어렵습니다. 여전히 가격 변동성도 높은 편이고요. 그래서 동향을 지속해서 살피는 것이 중요합니다.

말이 나온 김에, 금에 투자하는 방법에 대해서도 잠깐 살펴 보겠습니다. 실제 금을 구매하기에는 구매 단위도 크고, 보관 하기에도 어렵습니다. 이보다는 골드뱅킹이나 KRX 금 시장 을 활용해 실물과 연계된 상품에 투자하는 방법이 낫습니다. 주식 투자처럼 종이로 된 증권을 보유하지 않지만, 회사의 주 주가 되는 것처럼, 물리적인 금을 가지고 있지 않아도 금을 사 고팔 수 있습니다. 이외에도 금 ETF에 투자할 수도 있고, 실 제 금을 캐는 회사에 투자할 수도 있습니다.

# 8

# 달러 중심으로 재편되는
# 세계 경제

## 플라자 합의

"미국이 기침하면, 일본이 감기에 걸리고, 한국은 앓아눕는 다"는 말이 있습니다. 이 말의 속 뜻은 경제 체력이 약할수록 달러의 힘에 휘둘리게 된다는 것으로 우리의 현실을 잘 꼬집은 말입니다. 실제 우리는 1997년 외환 위기 때 달러라는 카운터 펀치를 제대로 맞았습니다. 이 일을 계기로 우리나라는 달러의 영향권 안에 완벽히 들어갔습니다. 세계가 달러 영향권에 어떻게 편입하게 되었는지는 앞서 몇 번 설명한 적 있지만, 이번 글에서 좀 더 자세히 살펴보도록 하겠습니다.

달러를 둘러싼 국가 간 힘의 역학 관계를 이해하기 위해서는 가장 역사적인 사건이라 할 수 있는 플라자 합의부터 살펴보겠습니다. 플라자 합의(Plaza Agreement)는 1985년 미국 뉴욕에 있는 플라자 호텔에서 G5(미국, 영국, 프랑스, 독일(서독), 일본) 경제 선진국의 재무장관과 중앙은행 총재들이 모여서 환율에 관한 합의를 한 것을 말합니다. 미국이 인위적으로 달러의 가치를 하락시키기 위해 다른 나라의 화폐, 특히 일본 엔화의 가치를 올리도록 한 것이 합의의 주된 내용이었습니다. 당시 달러엔 환율을 250엔에서 120엔으로 내리는, 즉 달러는 평가 절하, 엔화는 평가 절상을 하는 합의였습니다.

1980년대 초 일본은 소니 워크맨으로 대표되는 전자 제품과 토요타로 대표 되는 기름 덜 먹는 자동차로 대미 수출을 엄청나게 늘리는 추세였습니다. 첨단 기술과 아이디어의 산물이 소니 워크맨이었다면, 오일쇼크 이후 유가에 민감해진 미국인의 가려움을 시원하게 긁어 준 것은 연비 좋은 토요타 자동차였습니다. 뛰어난 제품으로 일본은 엄청난 무역 흑자를, 미국은 엄청난 무역 적자를 기록중이었습니다. 미국은 재정에서도 적자를 보고 있어서 쌍둥이 적자 상태였습니다. 이 상황이 계속되면 미국이 몰락하고 달러가 갖고 있던 기축 통화의 역할까지도 잃어버릴지 모른다는 열패감이 팽배했습니다. 달러 기반으로 돌아가는 세계 경제의 붕괴까지도 예상될 정도로 심각한 상황이었습니다. 이런 배경 아래에서 미국은 "내말

듣고 합의할래? 아니면 같이 망할래?" 수준의 강압적인 요구를 세계 여러 나라에 하게 됩니다. 그중에서도 일본은 대미 수출 흑자국으로서 거센 압력을 받게 되고 결국 울며 겨자 먹기 식으로 엔화의 평가 절상에 합의합니다. 바로 플라자 합의입니다.

플라자 합의로 엔화는 두 배 가까이 절상되었습니다. 이 말은 두 배 가까이 엔달러 환율이 낮아진 '엔고' 상태가 된 것을 뜻합니다. 환율이 높아져야 수출에 도움이 되는데 환율이 낮아졌으니(=엔화 절상, =달러 절하) 수출에 어려움을 겪을 것은 뻔해 보였습니다. 수출 경쟁력이 약해진 일본 정부는 경기 부양을 위해 금리를 낮추는 정책을 펼쳤습니다. 그러자 기준 금리 인하로 시장으로 돈이 몰리게 되고, 늘어난 돈은 제조업보다 부동산과 주식으로 흘러갔습니다. 거품이 만들어지기 시작한 것입니다. 반면, 달러의 가치는 낮아졌으니 일본 사람들에게 미국은 매우 저렴한 곳이 되었습니다. 마치 엔저로 우리나라 사람들이 일본 여행을 많이 갔던 것과 비슷한 상황이었습니다.

일본은 늘어난 달러 자금을 바탕으로 뉴욕의 상징적인 빌딩들을 인수하기 시작했습니다. 이때 나왔던 유명한 말이 "일본 도쿄의 땅을 팔아 미국을 살 수 있다"입니다. 그리고 돈은 도쿄나 오사카 같은 대도시뿐만이 아니라 지방의 부동산으로

까지도 흘러갔습니다. 하지만 1991년 일본의 거품이 꺼지기 시작하면서 부동산 가격은 대폭락하기 시작했습니다. 사람들은 돈을 갚지 못해 파산을 선언하고, 일본의 기업과 지자체들도 쓰러지기 시작했습니다. 졸지에 거지가 되어 자살하는 사람이 증가하는 등 사회적으로 큰 혼란이 일어났습니다. 이때부터 장기 디플레이션의 상징인 '일본의 잃어버린 30년'이 시작됩니다.

반면 우리나라는 엔고 대비 낮은 원화 가치로 일본과의 가격 경쟁력에 앞서기 시작했고, 수출이 쉬워지는 혜택을 입게 됩니다. 경쟁 관계에 있던 한국과 일본 기업 입장에서 일본 제품은 비싸지고 한국 제품은 싸진 것이나 다름없었기 때문입니다. 이때(1980년대)의 한국 경제를 상징하던 단어가 '3저 호황'입니다. 3저는 유가, 달러, 금리가 낮아진 것을 말합니다. 1986년부터 서울올림픽이 있던 1988년까지 우리나라 경제는 연 10%대의 성장을 했고, 최초로 무역수지 흑자도 달성합니다. 그리고 많이 알려지지 않았지만, 이때 지금의 대한민국 경제를 떠받치고 있는 반도체 산업이 융성하게 되는 '미-일 반도체 협정'이 맺어집니다.

1980년대 초반까지만 해도 미일은 세계 반도체 시장을 양분하고 있었습니다. 그러다 1985년을 기점으로 일본 반도체가 미국을 앞서기 시작했습니다. 이를 견제하려는 조치로 미국이 일본에 요구해 협정을 맺은 것이 미일 반도체 협정입니다. 협정 내용은 1986년 당시 10% 수준이던 일본 내 미국산 반도체 점유율을 20%까지 높이고, 저가 반도체 수출을 금지하는 것을 골자로 한 협정입니다. 협정의 후폭풍으로 일본 반도체 회사들은 내리막길에 들어섭니다. 일본이 내리막길을 걷는 사이, 미국 반도체 기업들이 자리를 잡기 전, 그 틈을 절묘하게 파고든 것이 우리나라의 삼성전자입니다. 우리나라 반도체는 이때를 기점으로 급부상하며 지금의 메모리 분야 1위 기업인 삼성전자가 탄생합니다. (삼성전자에 대한 얘기는 3부 반도체에서 좀 더 자세히 다루도록 하겠습니다.)

정리하면, 미국의 달러화 평가 절하를 통해서 당시 세계 경제를 주름잡던 일본을 제압할 수 있었습니다. 미국 시장에서 큰돈을 번 일본에게 엔고를 강제함으로써 수출을 줄이고, 그동안 벌어들인 돈을 미국으로 다시 돌려보내는 효과를 냈습니다. 결국 미국의 적자를 일본의 돈으로 메꾸면서 미국의 달러와 미국 시장은 더 견고하게 되었습니다.

## 서브 프라임 모기지 사태

달러 패권을 이해하는 주요 사건으로 제조업 기반의 일본을 쓰러트린 플라자 합의 다음으로 또 봐야 할 포인트는 2008년에 발생한 세계 금융 위기, 일명 '리먼 브라더스 사태'(서브 프라임 모기지 사태)입니다. 리먼 브라더스는 파산 당시 미국 4위 규모의 투자은행이었습니다. 리먼 브라더스의 파산으로 출발한 경제 위기였지만 최종적으로는 미국 달러와 연준의 힘을 더욱 강화시켜준 사건이 되었습니다.

파산의 원인이 된 서브 프라임 모기지(Sub-prime Mortgage, 준프라임 등급의 주택담보대출)는 비교하자면 상했을지도 모를 음식입니다. 미국의 금융 기관들은 이런 부패했을지도 모를 (대출 상환이 불가능한) 음식을 끌어모은 뒤 그나마 괜찮아 보이는 것들 위주로 다시 분류하고, '우리는 이 음식이 안전하다고 믿습니다'라며 판매를 했습니다. 서브프라임 단어만 보면 프라임 등급 바로 아래로 양질의 것으로 생각되지만, 실제로는 위험 등급이나 다름없는 상품이었습니다. 상한 음식을 만들고 판매했다는 것도 문제지만, 너무 많이 유통했다는 것이 더 큰 문제였습니다. 상한 제품을 자기네 동네에서만 팔았다면 그나마 피해 범위가 작았을 텐데, 이 상품을 전 세계로 특히 유럽을 상대로 많이 팔았습니다.

요약해 보면, 주택 담보 대출 심사를 통과하지 못하거나 신용 등급이 낮은 사람들을 대상으로 대출을 해줬는데, 미 연준에서 이자율을 높이기 시작하면서 문제가 시작된 것입니다. 이자 부담이 커진 저소득층의 연체율이 급증하면서 결국 대출을 해줬던 은행들이 돈을 받지 못하고 어려움을 겪게 됩니다. 그러다 그 중 한 곳인 리먼 브라더스가 파산을 선언한 것입니다. 미국의 거대 투자 은행이 파산한 것은 더 이상 미국만의 문제가 아니라 글로벌 금융 시장 전체로 큰 파장을 일으켰습니다. 서브 프라임으로 구성된 채권을 주고받으면서 채권채무 관계로 얽인 금융 기관들은 서로 믿지 못하는 상황이 되었고 그동안 정상적인 거래를 하던 금융 기관들끼리도 더 이상 돈을 빌려주지 않는 상황이 되었습니다. 금융 시장에서 돈이 돌지 않자 시장은 급속히 경색되면서 허약한 체질의 금융 기관부터 쓰러지기 시작했습니다. 계속해서 돈이 돌지 않자 세계 경제는 같이 망할 것 같다는 위기감이 팽배해졌습니다.

경제 용어 중 '최종 대부자'라는 것이 있습니다. 금융 위기 같은 일이 발생할 때 발권력을 활용해 시장에 유동성을 제공하는 존재'입니다. 즉 중앙은행의 역할입니다. 온갖 대출로 사고를 친 자식들의 빚을 떠안은 부모 역할인데, 미국의 중앙은행인 연준이 묻지도 따지지도 않고 자식의 빚을 해결해 주는 부모처럼 금융 위기 사태를 해결하는 수밖에 없었습니다. 연준은 미국의 금융 붕괴를 막기 위해 상대적으로 더 약했던 유럽의 위기부터 잠재워야 했습니다. 아무도 거들떠보지 않는 자산들을 무제한으로 샀습니다. 바로 뉴스에서 자주 보던 '양적 완화'입니다. 경기를 띄우기 위해서 돈을 찍어내는 것과 같은 효과가 일어나도록 부실한 자산을 달러를 주고 사서 시장에 자금을 공급하는 일을 했습니다. 연준은 다른 나라의 중앙 은행과 맺은 스와프 협정도 활용했습니다. 스와프 협정이란 국가끼리 맺은 외화 마이너스 통장과도 같습니다. 서로 협의 한 금액 내에서는 마음대로 상대방 나라의 돈을 꺼내 쓰는 것 입니다. 결국 미국의 서브프라임 모기지 사태로 타격을 받은 유럽은 아이러니하게도 미국의 돈으로 금융 위기를 잠재웠습 니다. 연준은 부실한 금융 기관들에게 무제한에 가까운 달러 를 공급하면서 경색된 금융 시장이 다시 가동되도록 최종 대 부자의 역할을 수행했습니다. 이 일을 계기로 연준은 사실상 세계 모든 지역의 통화를 관리하는 기관이 되었습니다.

## 코로나와 트럼프

2008년 금융 위기 이후 상황은 현재 우리가 알고 있는 그대 로입니다. 세계 경제는 코로나로 2020년 다시 한번 커다란 위 기에 직면했습니다. 이때도 미 연준을 비롯해 세계 각국은 시 중에 돈을 풀었고, 넘치는 돈은 금융 시장으로 자연스레 흘 러들어 갔습니다(주식 시장은 최고점에 도달하는 등 엄청난 상승 을 경험합니다). 그런데 코로나가 종결된 이후에는 풀린 돈이 물가 인상을 일으켰고, 0%에 가까운 기준 금리를 2022년부 터 그해 8월에는 5%까지 급격하게 올렸습니다. 금리 인상 으로 돈을 회수해서 물가를 잡는 전통적인 시장 안정책이었습니다. 이후 어느 정도 물가가 잡혔다는 생각을 한 연준은 2024년 9월 마침내 빅 컷(0.5%p 인하)을 단행했습니다. 그리고 2024년 12월 한 번 더 금리를 인하하고는 2025년에 대해서는 추가적인 금리 인하는 드물 거라는 전망을 내놓았습니다. 아직은 세계가 인플레이션 우려가 있다고 연준은 보고 있는 것 같습니다. 내수 침체를 겪고 있는 우리나라 입장에서는 금리 인하로 시장 활성화가 필요한데, 미국 때문에 이러지도 저러지도 못하고 있습니다.

엎친 데 덮친 격으로 미국 최우선 주의 정책을 주장하는 트럼프가 다음 대통령으로 당선되어 시장은 다시 혼란스러운 상황입니다. 트럼프는 보편적(일률적으로 모든 곳에 관세를 매기겠다는) 관세 정책을 펴겠다는 선언을 했는데, 우리나라 같은 수출 중심의 국가는 그만큼 더 어려워진 여건을 맞이하게 되었습니다. 관세 부과는 부과한 세금만큼 상품 가격으로 이어지기 때문에 결국 물가를 올리는 결과를 낳습니다. 연준과 트럼프는 이러한 결정을 하느냐 마느냐를 두고 약간의 기 싸움 같은 것을 벌이고 있습니다. 달러를 중심으로 한 2025년의 금융 정책이 어떻게 될지는 앞으로 잘 지켜보아야 할 일입니다.

세계 경제는 점점 더 달러 기반 금융으로 재편되고 있습니다. 달러는 미국에서보다 미국 밖에서 더 많이 유통되고 있습니다. 달러라는 거대한 뭉칫돈이 각국의 금융 시장을 자유롭게 이동하다 보니 각 나라 중앙은행들의 역할은 자연스럽게 줄어들었습니다. 결과적으로 달러가 필요할 때마다 달러의 유동성을 좌우하는 미국의 연준을 쳐다봐야 하는 입장이 되었습니다. 하지만 연준에게는 세계 경제도 중요하지만, 자국인 미국의 경제 상황이 더 중요할 수밖에 없습니다. 당연히 미국에 유리한 결정을 합니다. 이런 상황이 싫은 나라 중 한 곳이 중국입니다. 중국은 달러 중심의 세계 경제 체제에 도전하고 있습니다. 이어서 중국에 대한 얘기를 해보겠습니다.

**9**

# 달러를 위협하는
# 위안화

## 미국에 맞서는 유일국, 중국

모든 나라가 어떻게든 패권국이 되려는 이유는 국가의 이익을 최대로 극대화할 수 있기 때문입니다. 현재 세계 최강국은 미국입니다. 미국이 패권을 지키는 방법은 경제력과 군사력입니다. 미국의 경제력 뒤에는 달러라는 기축 통화가 있고, 군사력을 뒷받침하는 데에도 역시 달러의 힘이 있습니다. 미국이 패권국이지만 이런 미국을 위협할 수 있는 유일한 국가로 중국을 꼽습니다. 미국도 이런 사실을 인정하고 있습니다. 미국 대통령이 민주당에서 나오든 공화당에서 나오든 강약과 방법의 차이만 있을 뿐 중국에 대해 호의적인 정책을 펼치진 않습니다.

트럼프 대통령은 1기 집권 시절 중국과 관세 전쟁을 벌였습니다. 바이든 정부는 중국을 왕따시키려 했습니다. 특히 글로벌 반도체 산업의 밸류체인에서 중국을 빼내 영향력을 떨어뜨리려 했습니다. 다시 트럼프가 재집권하는 2기에는 1기와 유사하거나 더욱 더 강한 관세 정책을 도입할 가능성이 큽니다.

중국은 미국에 대항하는 방법으로 달러의 기축 통화 지위를 없애고자 합니다. 기축 통화가 무엇이고 어떤 지위를 누리는지는 앞에서 충분히 설명했습니다. 이번에는 거꾸로 중국의 위안화가 달러를 대신해 기축 통화의 지위를 누리기 위해서는 어떤 조건이 갖춰져야 하는지 한 번 살펴보겠습니다.

## 기축 통화의 지위

중국의 위안화가 기축 통화가 되려면 무엇보다 경제 규모의 확대가 필요합니다. 미국의 경제 규모는 세계 1위입니다. 중국은 2위입니다. 거래 규모 측면에서는 중국이 뒤처지지 않습니다. 그 다음은 발전된 금융 시장입니다. 통화가 많이 사용되려면 누구나 거래하는 데 제한이 없어야 합니다. 그리고 거래 시장 자체가 커야 합니다. 그런데 이 부분에서 중국은 아직 미국과 확연한 차이를 갖고 있습니다. 미국의 금융 시장은 누구든 자유롭게 참여할 수 있도록 개방적이지만, 중국은 아직 정부의 규제가 많습니다. 그리고 런던 금융 시장이나 아시아 시장에서 달러는 활발하게 사용되지만 위안화는 그렇지 못합니다. 그런 점에서 보면 중국은 아직 갈 길이 멉니다. 마지막은 신용도입니다. 현실적으로 기축 통화를 발행하는 나라는 망할 수 없습니다. 전쟁이든 경제적 치명타든 어떤 위기에서도 살아남을 가능성이 높다는 믿음, 더 안전할 거라는 믿음을 갖고 있어야 합니다. 이점에서 보면 중국이 아직 미덥지 못한 게 사실입니다. 전 세계적으로 각국 정부가 보유한 외환 규모도 위안화는 채 3%가 안 됩니다. 경제 위기가 발생했을 때 해결책을 찾아 줄 수 있는지도 중요합니다. 유럽의 경제 위기나 우리나라의 경제 위기 때 미국은 통화 스와프나 세계금융기구를 활용해 달러를 제공한 적이 있습니다. 물론 구제 금융을 받는 입장에서는 막대한 대가를 지불해야 하지만, 문제가 생길 때 미국(달러)이 그냥 보고만 있지 않을 거라는 믿음이 있습니다.

끊임없이 경쟁자를 제거해야 하는 것은 1등 국가의 숙명입니다. 미국은 냉전 시대 때 소련과 경쟁했고, 소련 붕괴 후 수출과 제조업으로 치고 올라온 일본과 서독을 플라자 합의로 누르고, 이젠 중국을 상대로 실력 행사를 하고 있습니다. 당장은 중국이 미국의 경쟁 상대가 안 되겠지만, 미국은 어느 나라도 자신에게 대응해서는 안 된다고 생각하고 있습니다. 그리고 자신들이 원하는 경제 질서 안에 중국이 들어오지 않는다면 미리 견제하는 것이 낫다고 판단합니다. 두 나라 간의 서열이 확실히 정리되기 전까지 미국은 견제하고, 중국은 대응하는 뉴스가 계속해서 나올 것입니다.

## 미중 힘겨루기

미중 간의 경쟁과 갈등에서 반도체 산업 분야의 힘겨루기가 가장 중요한데, 이는 3부에서 다루기로 하고, 반도체만큼이나 중요한 또 다른 산업인 '에너지'(자원)를 두고 벌이는 경쟁을 살펴보겠습니다. 미국은 에너지의 가장 큰 비중을 차지하는 원유를 두고 자신이 세운 질서에 들어오지 않으려는 러시아, 이란, 베네수엘라를 제재하고 있습니다. 중국은 미국의 경제 제재로 고통을 받는 산유국의 원유를 사는 것으로 미국에 응수하고 있습니다. 미래 에너지인 친환경 에너지를 두고서도 미국은 자국의 전기자동차 산업을 육성시키고, 2차 전지 쪽의 주요 플레이어들을 유치하고자 각종 보조금을 지급하는 등 기업 친화적인 정책을 취하고 있습니다. 그런데 트럼프는 후보 시절 보조금을 주지 않겠다고 선언했습니다. 이제 대통령이 되었으니 당근을 주면서 미국 땅에 공장을 지으라고 했던 바이든 정부와 달리 미국 땅에 공장을 짓지 않으면 채찍질을 하겠다는 식의 정책을 펼칠 것으로 예상이 됩니다.

중국은 아예 정부가 직접 나서서 전기차와 2차 전지 산업을 육성하고 있습니다. 이미 전기자동차 분야에서 중국의 BYD는 미국의 테슬라보다 규모 면에서 앞서고 있습니다. 그래서 미국에서는 과거 자신들이 자주 사용했던 반덤핑 규제를 중국의 전기차에도 적용할지 여부를 검토 중입니다. 그리고 중국은 기축 통화의 기반이 되는 페트로 달러 체제를 허물기 위해 사우디아라비아에 접근해 위안화로 결제하도록 설득하는 것도 잊지 않고 있습니다. 사우디아라비아 입장에서는 원유 수출 시장을 통제하는 미국이 달갑지 않다보니 오히려 중국을 환대하는 분위기입니다. 러시아 원유를 수입한 인도 역시 위안화로 결제한다는 뉴스가 나오고 있습니다. 중국은 위안화의 영향력을 키우기 위해 자국과의 무역 거래에서 위안화를 사용하도록 강조하고 있습니다. 그리고 위안화 기반의 통화 스와프를 확대하고 중국의 출연금이 중심이 된 국제 금융기구도 만드는 등 쉼 없는 노력을 기울이고 있습니다. 최근에는 BRICs(브릭스 = 브라질, 러시아, 인도, 중국, 남아프리카공화국)를 중심으로 새로운 기축 통화를 만드는 작업도 시도하고 있습니다. 하지만 아직은 위안화로 결제되는 금액이 많지는 않습니다. 그렇지만 미국과 갈등을 빚는 나라나 중국의 영향력이 높은 나라에서는 위안화로 원유 대금이나 무역 결제를 했다는 뉴스가 심심찮게 나오고 있습니다.

## 기축 통화의 딜레마

미국 달러가 영원할 수 있을까요? 그렇진 않을 것 같습니다. 어떤 강대국도 영원한 적은 없었습니다. 인류의 역사가 증명한 상식입니다. 하지만 그렇다고 해서 달러 체제가 곧 끝날 것이라고 단정하기에도 너무 먼 이야기입니다. 기축 통화와 관련해서 '트리핀 딜레마'(Triffin's Dilemma)라는 것이 있습니다. 트리핀 딜레마는 이 주장을 처음 한 예일대의 트리핀 교수의 이름을 따서 명명되었습니다.

미국의 달러가 기축 통화 역할을 하려면 전 세계에 충분히 공급되어야 합니다. 필요한 달러를 공급하는 방법은 미국이 물건을 사오면서 대금 값으로 달러를 지급하는 것입니다. 즉 미국은 무역 적자를 보면 볼수록 달러 유동성은 풍부해집니다. 대신 가치는 하락하게 됩니다. 달러의 가치가 조금 하락할 때는 큰 문제가 안 되지만, 하락 폭이 커지게 되면 믿을 수 없는 돈이 됩니다. 즉 기축 통화로서의 신용도를 유지하려면 달러 가치도 함께 어느 정도 유지될 필요가 있습니다. 그러려면 무역이든 금융 투자든 어떻게든 미국 시장으로 달러가 다시 돌아와야 합니다. 하지만 달러가 다시 모이면 모일수록 다른 나라들은 거래에 사용할 달러가 부족해집니다. 이렇게 되면 기축 통화로서 자격 미달이 됩니다. 충분히 달러를 공급해야 하는 정책과 달러 가치를 지키기 위해 달러를 거둬들여야 하는 정책 사이에서 이러지도 저러지도 못하는 모순에 빠지는 것이 트리핀의 딜레마입니다. 처음 이 딜레마를 제기한 1960년 이래 벌써 반세기 이상이 지났지만, 여전히 달러는 기축 통화의 역할을 잘 해오고 있습니다. 딜레마를 갖고 있지만 좌충우돌의 과정을 겪으면서 잘 관리해왔습니다.

미국은 자국 경제의 문제가 발생할 때마다 달러를 찍어내거나 다른 나라의 경제를 볼모로 삼아 위기 극복을 해왔습니다. 이제는 조금씩이지만 정말 미국 경제가 망하지 않고 잘 버틸 수 있을까, 하는 의심이 증가하고 있습니다. 왜냐하면 미국의 재정 적자는 계속해서 누적해서 증가 중이고, 무역 적자도 크게 바뀌지 않을 것 같기 때문입니다.

————

누구도 지금의 글로벌 경제 체제가 흔들리기를 원하지 않습니다. 하지만 누구도 달러 중심의 지금의 경제 체제가 문제가 없다고는 생각하지 않습니다. 그렇다고 달러 패권을 교체할 마땅한 경쟁자도 보이지 않습니다. 중국의 위안화가 기축 통화가 되려면 트리핀 딜레마를 극복해야 합니다. 즉 무역 적자를 보면서까지 해외로 돈을 내보내야 합니다. 하지만 중국이 무역 적자를 보면서 버틸 수 있을까요? 2024년 현재 미국에 맞설 나라는 중국이 분명해 보이지만, 내부의 문제를 해결하는 것에도 버거워하는 실정입니다. 향후 미국과 중국이 어떤 식으로 경제 전쟁을 치를지 예의 주시해야 할 포인트입니다.

미국과 중국 간의 경제 전쟁이 격화될수록, 우리나라는 두 강대국 사이에서 균형을 잡아야 하는 과제가 있습니다. 미국의 달러 패권과 중국의 경제적 부상 사이에서 특히 외환, 무역, 투자 등에서 전략적인 대응이 필요합니다. 글로벌 경제 환경 변화에 민감한 우리나라는 무역 의존도가 높고 외환 시장 변동성에 취약하기 때문에 이러한 상황을 잘 관리하며 다각적인 외교 및 경제 전략을 마련하는 실리적 선택을 해야 합니다. 한쪽 나라에 올인하는 전략은 경제적 리스크를 높이는 현명하지 못한 방법입니다.

# 10

# 달러의 메커니즘을 이해하는
# 가장 좋은 방법

## IMF 외환 위기

1997년에 있었던 IMF 외환 위기가 벌써 30년 가까이 흘렀습니다. 전체적으로 보면 아시아 금융 위기 중의 하나였지만 우리에게는 IMF 외환 위기, 국가 부도 사태 등의 별칭으로 불리며 한국 전쟁만큼이나 사람들에게 깊은 각인을 남긴 사건입니다.

IMF 외환 위기의 시작은 태국이었습니다. 태국에서 금융 위기가 발생했고 아시아의 다른 나라로 전염됐고, 우리나라에까지 여파가 이어졌습니다. 당시 외국의 전주(錢主)들은 우리에게 빌려줬던 대출을 연장하지 않았습니다. 대신 회수를 했

습니다. 그러자 당시 차입 경영을 많이 하던 한국 기업이 문제
가 되기 시작됐습니다. 일반적으로 금융사나 기업은 대출을
받을 때 만기가 되면 다른 대출을 일으켜 빚을 갚거나, 금리
를 조정한 후 연장해 쓰는 방법을 사용합니다. 이런 대환대출
은 금융사들의 일반적인 대출 관리 방법입니다. 하지만 태국
이 무너지자 아시아를 주의 깊게 보던 해외 채권자들이 우리
가 빌린 돈에 대해서도 불안감을 느끼고 회수를 시작했습니
다. 돈을 회수하니 달러 수요가 폭증했고 환율은 급격히 올랐
습니다. 정부에서는 급격히 오르는 환율을 방어하기 위해 외
환 시장에 달러를 풀었습니다. 평소 같으면 곧 안정이 됐겠지
만 IMF 때는 그렇지 못했습니다. 시장 안정을 위해 한국 정부
가 외화를 풀수록 상황이 더 심각하다고 판단한 국제 신용 기
관들은 우리나라의 신용 등급을 내리기까지 했습니다. 외국
자본은 남들보다 먼저 돈을 빼서 손해를 보지 않으려 했고, 그
럴수록 무너지는 기업이 생겼고, 기업의 부실은 금융사 부실
로 이어졌습니다. 정부가 나서야 하는 상황인데도 외환 보유
액 고갈로 더 이상 갚을 달러가 없었습니다. 말 그대로 국가
부도 사태가 일어난 것입니다.

　IMF 외환 위기로 한국 사회는 양극화 심화, 구조 조정에
따른 대량 해고, 이로 인한 평생직장의 개념이 무너졌습니다.
그리고 청년들의 정규직 취업이 어려워지면서, 실업 문제가

발생했습니다. 치열해진 경쟁 사회 속에서 자살률이 증가하고 가정 붕괴 같은 일도 많이 일어났습니다. 금융 시장은 외국에 완전 개방되면서 해외 자본이 쏟아져 들어왔고, 대거 헐값에 우리 기업을 '줍줍'하는 일도 일어났습니다. 2004년 기준으로 보게 되면, 상장 기업의 42%를 외국인이 소유했습니다. 하지만 온 국민의 지혜를 모은 결과라 할까요? 우리는 계획보다 3년 이른 2001년에 빌린 돈을 조기 상환하면서 빠르게 IMF 체제를 졸업했습니다.

IMF 체제에서 금방 벗어날 수 있었던 것은 '금 모으기' 같은 국민 참여 모금 활동도 있었지만, 근본적으로는 사태의 원인이 경제 기초의 문제라기보다 일시적인 달러 유동성의 문제였기 때문입니다. 마치 흑자 부도 같은 상황이었습니다. 흑자 부도는 수익도 내고 받을 돈도 있는데, 다른 사람에게 돈을 줘야 할 날에 때마침 돈이 없어서 부도를 맞는 것을 말합니다. 흑자 부도가 억울할 수는 있지만 자금 관리를 하지 못한 회사 대표의 책임이듯 IMF 외환 위기 역시 정부 관료의 책임과 이를 제대로 감시하지 못한 우리 언론이나 사회 각 곳의 책임이 있었음을 부인할 수 없습니다.

### 위기의 원인

IMF 외환 위기의 발생 원인에 대해서는 아직도 많은 논란이 있습니다. 음모론처럼 외국의 투기성 자본에 책임을 지우기도 하고, 기업의 과도한 부채 경영, 금융사의 무분별한 차입을 이유로 들기도 합니다. 국민들의 과소비 때문이라는 얘기도 일부 언론사들은 합니다. 하지만 개인적으로 이 분석만큼은 동의하기가 어렵습니다. 아무튼 이유는 여러 가지겠지만 직접적인 원인은 달러의 부족 때문이었습니다. 달러로 갚아야 할 빚이 있었는데 달러가 없어 갚을 수 없고, 필수 원자재나 제품을 사와야 하는 데 역시 달러가 없으니 수출품을 만들지 못하고, 제품을 만들고 팔아야 다시 달러를 벌어들이는 데 이를 못하게 되고, 결국 악순환의 늪에 빠진 것입니다. 이미 빈털터리가 된 것을 들켰으니 돈을 빌려줄 금융 기관도 없고 결과적으로 국제기구인 IMF에게 도움을 요청하게 된 수순이었습니다. 요즘도 환율이 급격하게 변동할 때마다 외환 보유액이 어느 정도인지 정부가 발표하고 이를 알려주는 기사가 자주 등장합니다. 이때의 기억이 트라우마처럼 강렬하게 작용하기 때문입니다.

기업 입장에서 돈이 필요하면 금융 기관에 가서 돈을 빌리는 것이 기본입니다. 하지만 어떤 이유로든 충분한 돈이 없거나 국내 금리가 너무 높거나 할 때 해결 방법은 해외에서 돈을 빌리는 것입니다. 해외에서 빌릴 수 있는 돈은 우리나라의 원화가 아닙니다. 홍콩이나 싱가포르 혹은 일본에서 돈을 빌리더라도 미국 달러일 가능성이 높습니다. 왜냐하면 달러는 어디에서나 사용할 수 있는 돈이기 때문입니다. 유로, 엔화, 파운드화로 빌릴 수도 있겠지만 미국 달러가 가장 일반적입니다. 우리나라 금융사가 해외 금융사로부터 싸게 차입한 다음 이를 다시 우리 기업에 빌려주거나, 기업이 자체적으로 달러로 표시된 채권을 해외에 발행해 돈을 빌릴 수도 있습니다. 모두 원화가 아니라 달러를 빌리는 것입니다.

기업이나 정부에서 달러 확보를 하려면 경상수지 흑자를 만들어야 합니다. 그중에서도 무역수지 흑자가 가장 현실적인 방법입니다. 내수 시장이 작은 우리는 무역을 하지 않고서는 성장을 할 수가 없습니다. 자유로운 경제 활동을 위해서는 일정 수준의 달러가 꼭 필요하다는 뜻입니다. 적정 수준의 달러 보유라는 과제는 우리가 기축 통화국이 되기 전까지는 계속해서 맞닥뜨리는 문제입니다. 미국 중심의 경제 체제에 편입된 상황에서 그들의 통화 정책과 경제 상황은 우리나라 경제에 중요한 이슈가 될 수밖에 없습니다. 앞으로 좋든 싫든 미국 경제와 달러의 움직임을 살필 수밖에 없습니다.

## 달러 투자

미국 경제와 달러의 흐름을 살피기 위해 미국 달러를 자산의 한 축으로 삼는 방법도 있습니다. 서랍 속에 있는 잠자고 있는 달러를 모아 달러 예금 통장을 만드는 것입니다. 외화 예금은 예금자 보호는 안 되지만 이자는 붙습니다. 외화 예금 기간이 너무 길어 지루하다면, 금리도 적당하고 기간도 자유로우면서 안전한 외화 RP라는 상품도 있습니다. 좀 더 적극적으로 달러를 활용하고 싶다면 미국 증시에 직접 투자하는 방법도 있습니다. 달러 기반의 투자를 하면 자연스럽게 환율 변동도 체감하게 됩니다. 분명 주가는 떨어졌는데 달러 환산으로 수익이 날 수도 있고, 반대로 주가는 올랐지만 원화 환산으로 손해를 볼 수도 있습니다.

이미 우리는 미국 기업에 익숙합니다. 스타벅스에서 아이폰으로 유튜브를 보는 사람, 코카콜라를 마시면서 나이키 매장에 들러 인스타에 쓸 사진을 찍는 사람, 어제 넷플릭스에서 봤던 드라마와 아마존에서 직구한 상품에 대해 이야기하는 사람 등. 어느 기업에 투자할지 고민할 필요가 없을 정도로 미국 기업들은 이미 우리 주변에 가깝게 다가와 있습니다. 익숙하면서도 가장 유명한 기업에 투자한다면 크게 손해 볼 일 없이 경제 공부도 하고, 차익 실현도 할 수 있습니다.

---

정리해보겠습니다. 세계 경제는 미국과 달러를 중심으로 더욱 긴밀히 연결되어 있으며, 달러는 국제 금융 및 무역에서 사실

상 기준 통화 역할을 합니다. 특히 무역 의존도가 높은 우리나라는 달러 보유를 일정 수준 정도로 하고 있어야, 경제적 안정성을 유지할 수 있습니다. 그리고 미국의 금리 정책, 환율, 경제 성장률 등 주요 지표는 국내 경제에 직접적인 파급 효과를 미칩니다. 미국 경제와 달러에 대한 관심은 단순히 경제학의 이론을 넘어 실생활과 직결된 중요한 사항입니다. 이런 환경에서 미국 증시에 투자하는 것은 글로벌 경제 동향을 이해하고 환율의 변화를 이해하고 체험하는 가장 효과적인 방법입니다. 특히, 발생한 수익을 원화로 환전하는 과정에서 실시간으로 목격하게 되는 환율 변동은 경제 뉴스를 이해하는 데 있어서 최고의 방법이 됩니다. 따라서 경제를 배우고 경험하기 위해서 미국 경제와 금융 시장에 대한 관심은 필수적입니다.

당분간 미국 달러의 기축 통화 위상이 흔들릴 것으로 보이지는 않습니다. 하지만 끊임없이 대체 통화에 대한 이야기는 나올 것 같습니다. 개별 국가로는 중국의 위엔화가 자신의 영향력을 키우려 노력하는 중입니다. 국가끼리의 연대 움직임도 있습니다. 브릭스 국가끼리 거래 시 달러를 제외하는 방법과 중앙은행 디지털 화폐(CBDC)로 결제 시스템을 구축하는 방안도 추진되고 있습니다.

앞으로 눈여겨볼 내용은 달러의 가치와 관련된 기사입니다. 가치가 너무 낮아지거나 신용도가 떨어지게 되면 자연스럽게 기축 통화의 지위는 흔들립니다. 달러의 가치를 움직일 키맨은 트럼프와 미국 연준 의장입니다. 중국을 비롯하여 전 세계와 관세 전쟁을 벌이겠다는 트럼프의 강경한 보호 무역 정책과 이에 따른 후폭풍, 그리고 이를 관리해야 할 연준의 움직임은 달러의 가치를 좌우하는 가장 큰 변수입니다. 보호무역 초기에는 달러의 가치가 오르고 미국 경제에 도움이 되겠지만 중국이나 EU, 브릭스 등이 가만히 당하고 있지는 않을 것입니다. 미국과 주요 경제 대국간 무역 갈등의 강도와 대응은 놓치지 말고 체크해야 할 뉴스입니다.

3부 ——————————————————————————

# 반도체
## 미래가 새겨진 칩

# 1

# 우리나라의 명운이 걸린 산업

나라의 흥망성쇠를 결정할 만큼 중요한 자원이나 상품을 두고서 '전략 자원'이라고 부릅니다. 역사적으로 20세기의 가장 중요한 전략 자원은 원유였습니다. 하지만 21세기를 맞이하면서 급부상하고 있는 전략 자원이 있습니다. 바로 반도체입니다.

반도체가 무기와 관련성이 높다는 사실은 이제 모두가 알고 있는 사실입니다. 우크라이나와 러시아 전쟁, 팔레스타인과 이스라엘 전쟁을 보면 군인이 직접 지상전을 펼치는 일보다 무인 드론이나 초정밀 타격용 미사일로 적진을 공격하는 일이 많아졌음을 볼 수 있습니다. 이러한 최첨단 무기에 반드시 필요한 것이 반도체입니다. 뛰어난 반도체 기술을 갖고 있다는 것은 뛰어난 무기를 갖고 있는 것이나 다름없습니다. 최근에는 생성형 AI가 나타나면서 IT 산업과 경제 전반에 새로운 패러다임을 주도하고 있는데, 이 역시 바탕이 되는 것은 반도체입니다. 이런 상황이다 보니 세계 패권 국가인 미국이나 패권을 노리는 중국은 나라의 명운을 걸고서 반도체 산업 환경을 자신에게 유리하도록 총성 없는 전쟁을 벌이고 있습니다. 미국과 중국 사이에서 벌어지는 반도체 관련 뉴스들은 이를 잘 보여줍니다.

생산 측면에서 보게 되면, 반도체는 국가 대 국가가 연계된 글로벌 밸류체인의 정점에 있는 제품입니다. 그동안 반도체 설계는 미국이, 제조는 한국과 대만이, 반도체를 탑재한 상품 제조는 중국이, 완성된 상품은 다시 미국과 EU로 수출되는 구조로 전 세계가 나눠 만들고 활용하는 분업화가 잘 되어 있었습니다. 이렇게 잘 다져진 협업 구조가 2020년대에 들어서면서 새롭게 정리되고 있습니다. 한마디로 분해되어 재조립되고 있습니다. 가장 큰 이유는 미국과 중국의 갈등 때문입니다.

중국은 힘을 기를 때까지 몸을 웅크린 채 때를 기다린다는 기존의 도광양회(韜光養晦, 중국의 개혁·개방의 총설계자인 덩샤오핑이 천명한 대외 정책) 기조를 버리고 시진핑 주석 체제에서는 미국에 과감히 맞서는 중입니다. 2차 세계대전 이후 절대 패권을 놓치 않고 있는 미국은 대놓고 자신에게 대항하는 나라를 단 한 번도 가만히 두질 않았습니다. 중국에 대해서도 마찬가지로 대응하고 있습니다. 무역 분쟁을 격화시키고, 특히 반도체 밸류체인에서 의도적으로 배제해 자신에게 대항하지 못하도록 압박을 가하고 있습니다. 미국은 반도체를 자국 내에서 생산할 수 있도록 자국 땅에 반도체 공장을 짓는 회사들에 여러 가지 혜택을 주는 법(칩스 법)을 만들었습니다. 그리고 '칩4'(미국, 한국, 일본, 대만)라고 해서 반도체 동맹도 만들었습니다. 전 세계 반도체 관련 기업(국가)에게 미국 편에 서지 않는다면 사업하기 어려워질 것이라는 신호를 계속해서 보내고 있습니다. 그러면서 중국에게 첨단 반도체 제조 장비나 최신 반도체 칩을 팔지 못하도록 압박을 가하고 있습니다.

중국은 그들 나름대로 반도체 생태계를 만들기 위해 고군분투 중입니다. 초반에는 미국의 공격으로 주춤하기도 했지만 기술 자립이 속속 이뤄지면서 아직은 잘 견디고 있습니다. 오히려 가장 곤란해 보이는 곳은 우리나라입니다. 삼성전자와 SK하이닉스 등 우리 반도체 기업들은 미국과 중국의 눈치를 보면서 사업을 하고 있습니다. 그동안 우리가 만든 반도체를 가장 많이 사주는 국가는 중국이었습니다. 이런 이유로 우리가 중국 편을 든다면 미국이 가만히 보고만 있지 않을 것입니다. 게다가 재집권하게 된 트럼프는 기존의 반도체 보조금 정책까지 재검토할 의향을 공공연하게 드러내면서 한국 기업을 압박하고 있습니다. 미국과 중국의 갈등이 깊어질수록 우리에게 좋을 일은 하나도 없습니다.

반도체가 정치적으로뿐만 아니라 산업적으로도 중요하게 된 몇 번의 변곡점이 있습니다. 첫 번째는 1980년대 PC의 확산이었습니다. 삼성전자가 반도체에 많은 투자를 하면서도 이익을 내지 못하던 시기가 있었는데, 이 시기를 극복하도록 도와준 것이 PC의 확산입니다. 삼성전자는 PC에 들어갈 D램 메모리를 개발하면서 세계적인 반도체 기업으로 발돋움할 수 있었습니다. 두 번째 변곡점은 스마트폰으로 대표되는 모바일 혁명입니다. 2000년대 후반부터 스마트폰의 확산은 PC와는 전혀 다른 형태의 반도체가 필요했습니다. 바로 모바일 AP입니다. 모바일 전자기기에 탑재되어 해석, 연산, 제어 등 두뇌 역할을 하는 시스템 반도체입니다. 이는 PC에 들어가는 반도체와는 다른 것으로 PC 시장을 능가할 정도로 거대하게 성장했습니다. 그러다 2023년에는 생성형 AI를 위시한 인공지능 이슈가 새롭게 대두하였습니다. 반도체 시장은 지금 세 번째 변곡점을 넘어서는 중입니다.

언제부터 인공지능에 주목했는지 떠올려 보면, '알파고'라는 인공지능과 바둑고수 이창호의 대결 때부터입니다. 그때만 해도 호기심 어린 눈으로 인공지능을 봤지, 우리 삶에 밀접하게 사용되기 위해서는 꽤 오랜 시간이 걸릴 것으로 생각했습니다. 그랬는데 2023년 챗GPT라는 생성형 인공지능이 세상에 발표되면서 분위기는 확 바뀌었습니다. 기존의 인공지능이 '분석' 위주의 기능이 있었다면, 생성형 인공지능은 '창조'(생성)의 기능을 갖고 있습니다. 사람들의 요구 사항에 창의적인 답변을 내놓고 이미지와 영상을 만들고 글을 쓰는 등의 변화를 선보였습니다. 그리고 이런 활용이 검색창에 검색어를 넣듯 간단한 주문만으로 가능했습니다.

생성형 AI의 개발과 활용 시장에는 우리가 알만한 마이크로소프트, 구글, 애플 등 쟁쟁한 빅테크 기업들이 이미 자리를 차지하고 있습니다. 우리나라에서도 네이버와 카카오가 뛰어들었습니다. 현재는 IT 기업은 물론이고 금융 회사나 바이오 제약 회사, 자동차 회사 등 전통 제조 기업들도 인공지능을 활용해서 제품을 개발하고 있습니다. 인공지능이 손을 뻗치지 않은 곳이 없을 정도입니다. 최근까지 미국 주식 시장에서 시가총액 1위 기업은 마이크로소프트와 애플이 엎치락 뒷치락 했는데, 인공지능이 이슈가 된 이후부터는 엔비디아가 1위를 차지해버리는 일이 발생했습니다. 인공지능에 최적화된 반도체인 GPU를 만들 수 있는 회사라는 이유 때문이었습니다(현재는 이 세 회사가 엎치락뒤치락 하면서 시총 1위를 오가고 있습니다).

인공지능과 관련해서는 우리나라의 대표 반도체 기업인 삼성전자와 SK하이닉스의 자리싸움도 치열합니다. 아직까지는 삼성전자가 더 큰 회사임이 분명하지만, 최근의 주가 움직임만 보면 SK하이닉스의 판정승입니다. 그 이유는 엔비디아에 HBM이란 반도체를 납품하는 곳이 SK하이닉스이기 때문입니다. HBM은 인공지능을 사용하기 위해서 반드시 필요한 고사양의 메모리 반도체입니다. 엔비디아에서 만드는 인공지능을 위한 반도체 GPU가 돌아가는 데 필요한 것이 HBM입니다. 그래서 이를 잘 만들 수 있는 곳으로 SK하이닉스를 선정하고 HBM을 주문한 것입니다. 삼성전자는 기술은 갖고 있지만 엔비디아에 납품하는 데에는 실패했습니다. 이유는 뒤에서 다시 설명해 드리겠습니다. 향후 인공지능이라는 거대한 물결을 놓고, 국내의 삼성전자와 SK하이닉스가 어떻게 경쟁할지, 그 결과 두 회사의 운명은 어떻게 바뀔지도 흥미롭게 지켜봐야 할 대목입니다.

미국은 반도체를 전략 자원화하며 중국을 계속해서 압박하고 있습니다. 미국과 중국 사이에 낀 우리나라는 현명한 대처를 통해서 그동안 쌓아올린 공든 탑을 무너뜨리지 않도록 해야 합니다. 관련해서 인공지능과 같은 새로운 기술 흐름을 재빨리 받아들이고 쫓아오는 기업을 따돌리기 위한 기술 격차도 만들어야 합니다. 특히 우리가 그동안 강세였던 메모리 반도체 분야에서 중국의 추격은 무서울 정도입니다. 단지 기업만의 일로 두고 볼 게 아니라 국가 차원에서 각종 지원 정책 (반도체 클러스터 조성 등)을 제공하는 등 모두가 나서서 힘을 쏟아야 할 상황입니다. 반도체는 우리나라에 있어서 국가의 명문이 걸린 산업입니다. 미국의 자국 우선주의, 중국의 반도체 독립, 일본의 반도체 부활 움직임 사이에서 어떻게 반도체를 전략 자원화 할 수 있을지 민관이 힘을 모아야 할 때입니다. 이어지는 글을 통해서 본격적으로 반도체를 둘러싼 정치, 경제에 대해 공부해보겠습니다.

**2**

# 경제 뉴스에서 반도체 뉴스가
# 제일 많은 이유

## 수출 1등 반도체

경제 뉴스에 반도체 기사는 왜 많이 나올까요? 간단히 말해 반도체 산업이 우리나라의 '핵심 오브 핵심'이기 때문입니다. 숫자로도 한번 살펴보겠습니다. 기준은 2022년으로 하겠습니다(2023년은 반도체를 비롯한 전체적인 수출 실적이 너무 나빠 정상 상태로 보기가 힘듭니다).

2022년 관세청 기준 우리나라 수출 금액은 6,444억 달러입니다. 그중에서 반도체는 1,292억 달러로 전체 수출액의 약 20%를 차지했습니다. 2등 석유 제품이 약 630억 달러(9.7%), 3등 자동차가 541억 달러(8.4%)입니다. 2등과 3등을 다 합쳐도 1등 반도체보다 낮습니다. 매년 수출 실적이 달라지고 업황에 따라 좋았다가 나빴다를 반복하지만, 현재 그리고 적어도 앞으로 몇 년 동안은 반도체 수출이 계속해서 우리나라 전체 수출 비중의 1위를 차지할 것으로 보입니다.

주식 시장의 시가 총액으로 반도체의 위상을 살펴보겠습니다. 2023년 1월 3일(증시가 개장하는 날)의 총 시가 총액은 약 2,211조 원입니다. 이날 기준으로 삼성전자는 469조, SK하이닉스는 93조로 두 회사 비중을 합하게 되면 전체 시장의 22.1%가 됩니다. 이것만 봐도 반도체로 대표되는 두 기업의 영향력이 한국 경제에 얼마나 큰지 알 수 있습니다. 그리고 자신들의 발표이긴 하지만, 삼성전자가 발표한 2022년 경제가치배분액은 약 281조 원으로 국내 1위입니다. 여기서 경제가치분배액이란 협력사로부터 제품을 구매하거나, 임직원들을 고용해 지급하는 인건비, 정부에 낸 세금, 주주들에게 돌려준 배당금, 채권 소유자나 기업에 지급한 이자, 각종 기부금 등을 합친 금액입니다. 이 내용을 말씀드리는 이유는 특정 회사를 돋보이게 하거나 편들자는 것이 아니라 반도체 산업의 현재 위상이 우리 경제에서 결코 무시할 수 없음을 말하려는 것입니다. 그러니 뉴스에 자주 나오는 것은 이상한 일이 아니라 당연한 것입니다.

## 반도체 뉴스 패턴

반도체와 관련해서 기사가 나오는 패턴이 있습니다. 매월 무역수지가 발표될 때마다 반도체 실적을 두고서 전년 동월 대비, 전달 대비 비교를 합니다. 기업 실적은 분기별로 발표되는데, 실적치가 예상보다 안 좋으면 '어닝 쇼크'라고 하고, 예상치 이상이면 '어닝 서프라이즈'라고 제목이 달립니다. 그리고 역대 최고인지 역대 최저인지도 함께 언급됩니다. 연말로 다가갈수록 한해 실적을 정리하는 뉴스와 내년 전망치 기사가 함께 나옵니다. 이러한 분위기는 연초까지도 이어집니다. 왜 이렇게 자주 반복해서 관련 뉴스를 쏟아내는지는 여러 번 얘기 드린 것처럼 반도체 실적이 좋으면 우리나라 경제가 좋아질 것으로 예상하고, 반대로 실적이 나쁘면 경제 상황이 좋지 않을 것으로 예상하기 때문입니다. '탄광의 카나리아'처럼 우리나라 반도체는 우리나라 경기를 파악할 수 있는 표시이자 상징과 같습니다.

상품이 아닌 사건 중심의 기사도 자주 나옵니다. 통상 '비전'이라고 얘기하는 주요 발표 내용과 함께 새로 개발되거나 테스트에 성공한 신제품은 빠지지 않고 등장합니다. CEO 등 경영진의 입을 통해 주로 발표되는 뉴스는 앞으로 어떤 상품에 집중할지, 어떤 기술을 중시할지, 그래서 얼마만큼의 투자를 할지, 어느 지역에 공장을 추가로 증설할지 등의 계획을 다룹니다. 이런 기사를 주요하게 보는 이유는 미래를 가늠하는 역할을 하기 때문입니다. 발표된 실적이 과거부터 현재까지의 성적표라면, 비전은 앞으로의 성적을 가늠할 수 있는 잣대가 됩니다. 공장을 짓거나, 채용을 늘리거나, 특정 제품 개발에 집중하거나 하는 것은 미래를 위한 투자이기 때문입니다. 한마디로 밝은 미래로 가기 위한 징검다리이자 주춧돌입니다. 반도체 산업은 투자하는 규모에 비례해서 성장이 담보된다고 볼 수 있습니다. 그런데 투자 규모가 줄어든다면 불황이거나 해당 기업의 미래가 성장 가능성이 낮은 것으로 점쳐질 수밖에 없습니다. 이처럼 투자 관련 뉴스는 중요한 의미를 갖고 있습니다.

반도체 시장에는 경쟁자도 있고 협력자도 있습니다. 반도체 산업이 거대하고 중요하기 때문에 경쟁과 협력은 국경을 넘어 글로벌 단위에서 펼쳐집니다. 이렇다 보니 해외 반도체 뉴스도 빼놓지 말고 주목해야 합니다. 경쟁 기업들 소식, 경쟁 반도체 제품 현황, 주요 수출 시장인 미국과 중국의 움직임, 반도체의 용처가 되는 새로운 전자기기의 탄생 등 수많은 뉴스가 반도체와 연관이 있습니다. 최근 많이 눈에 띄는 뉴스는 미국과 중국발 뉴스입니다. 미국의 뉴스는 반도체 산업과 기업을 지원하는 정책 관련 뉴스, 인공지능으로 대표되는 고사양 반도체를 필요로 하는 기술 개발 소식과 이와 관련된 기업

소식입니다. 그리고 중국발 뉴스는 독자적인 반도체 산업 육성과 관련된 소식이 자주 등장합니다. 워낙 중요하다 보니 산업 뉴스뿐만 아니라 주요 기업의 대표나 오너 나아가 정치인들과도 연계되어 뉴스로 자주 등장합니다. 대통령이나 정치권에서 경제 상황을 점검하거나 해외 순방을 다닐 때 역시 반도체 관련해서 발언도 많고 관련 사업장 방문도 많은 만큼 뉴스가 많이 나옵니다. 특히, 미국이나 중국처럼 패권국의 정치 변동기에는 반드시 반도체 산업에 미칠 영향을 다루는 분석 기사가 따라옵니다.

주식 시장 뉴스도 빼놓을 수 없습니다. 주식 시장의 20%를 반도체가 차지하는데, 관련된 뉴스가 하루라도 빠지지 않을 수가 없습니다. 대한민국 국민이라면 삼성전자 주식을 가져보지 않은 사람이 없을 정도다, 라고 해도 과언이 아닐 것입니다. 그래서 삼성전자의 실적은 전 국민의 부와 연결되어 있다고 해도 될 정도입니다. 그래서 삼성전자 주가가 오르면 사람들 표정이 밝아지고, 하락하면 표정이 어두워지는 것 같습니다. 2024년은 삼성전자 주가가 부진해서 사회 전체적으로 경기 침체의 분위기가 역력했습니다. 이처럼 삼성전자의 주가 관련 뉴스도 경제면의 중요 기사로 항상 다뤄집니다.

반도체는 한국 경제와 떼려야 뗄 수 없는 현재 가장 중요한 산업인만큼 관련 정보나 뉴스가 매일 엄청난 양으로 쏟아집니다. 무엇보다 반도체 산업이 글로벌 공급망에 큰 영향을 미친다는 점을 인식하는 것이 중요합니다. 그러므로 반도체 뉴스에서 자주 다루는 내용은 주로 국가 정책, 기술 혁신, 시장의 수요와 공급 변화 등입니다. 구체적으로 미중 무역전쟁이나 미국의 반도체 관련 정책, 각국의 산업 지원 정책 등도 반도체 시장에 큰 영향을 미치기 때문에 주목해야 할 뉴스입니다.

그리고 반도체 기술은 매우 전문적이고 빠르게 발전하므로, 기본적인 기술적 배경을 쌓는 것도 중요합니다. 예를 들어, 반도체 공정 기술이나 주요 부품, 장비 등에 대한 기본적인 지식을 미리 갖추어 놓으면 뉴스를 더 잘 이해할 수 있습니다. 반도체 산업은 공급과 수요의 변동성이 큽니다. 주기가 있고 과잉 생산과 공급 부족이 반복되므로 뉴스에서 특정 회사나 시장의 공급 과잉이나 부족 문제를 다룰 때는 산업 사이클을 염두에 두고 뉴스의 영향을 평가해 볼 필요가 있습니다. 이외에도 주요 기업의 실적 발표와 전망치 그리고 이들 사이의 경쟁 동향과 연구 개발 동향 등도 매우 중요합니다. 그래서 빠르게 우리나라 경제를 익히고 싶다면 반도체 분야로 좁혀서 공부하는 것도 하나의 방법입니다. 이 책에서 얘기하는 반도체 이야기는 기본에 해당하는 내용입니다. 꼭 상식 차원에서라도 확실히 이해하고 넘어가면 좋겠습니다.

# 3

# 반도체의 종류와
# 주요 플레이어

## 반도체의 종류, 반도체 기업의 종류

반도체란 조건에 따라 전기가 흐르는 도체가 되기도 하고 전기가 흐르지 않는 부도체가 되기도 하는 물질입니다. 그래서 반(半, semi)도체라고 부릅니다. 요즘은 반도체라고 하면 전기가 흘렀다 흐르지 않았다 하는 것보다 각종 기기에서 연산이나 저장 등 특정 업무를 처리하고 실행하는 핵심적인 칩(Chip)의 의미를 더 강하게 갖고 있습니다.

반도체 종류는 크게 두 가지로 나눌 수 있습니다. 메모리 반도체와 비(非)메모리 반도체입니다. 비메모리 반도체는 시스템 반도체, 로직(logic) 반도체라고도 합니다. 우리나라의 대표적인 기업인 삼성전자와 SK하이닉스는 대표적인 메모리 반도체 기업입니다. 메모리 반도체, 비메모리 반도체도 다시 몇 가지 종류로 나눌 수 있습니다. 단기 기억을 담당하는 대표적인 메모리 반도체가 D램이고, 장기 기억을 담당하는 대표적인 메모리 반도체는 낸드플래시입니다. 그리고 비메모리(시스템) 반도체는 CPU와 AP로 나눌 수 있습니다. CPU는 중앙처리 장치라는 뜻이며 영문으로 'Central Processing Unit'입니다. 컴퓨터의 '두뇌'에 비유되는 반도체입니다. 스마트폰에도 CPU와 같은 역할을 하는 것이 있습니다. 바로 AP(Application Processor)입니다. AP는 CPU보다는 좀 더 큰 개념입니다. "모바일 AP는 컴퓨터 CPU와 달리, 주 연산을 위한 CPU를 포함한 다양한 기능이 하나의 칩으로 통합된 형태입니다. 모바일 AP에는 CPU, 메모리, 그래픽카드, 저장 장치 등 한 개의 칩에 완전 구동이 가능한 제품과 시스템이 들어 있습니다. 시스템온칩 SoC(System on Chip)라고 불리는 이유입니다."(출처: SK하이닉스 블로그) 그리고 GPU라는 것도 있습니다. GPU는 'Graphics Processing Unit'입니다. 원래는 고해상도 이미지 그래픽을 빠르게 처리하기 위한 목적이었으나 최근에는 어마어마한 양의 단순 계산을 빠르게 처리하는 특징 때문에 인공지능용 반도체로 더 많이 알려져 있습니다. 미국 주식 시장의 시총 1위를 왔다갔다 하는 엔비디아가 바로 GPU를 설계하는 대표적인 기업입니다.

반도체는 고도화된 첨단 기술 상품인 만큼 설계와 제조가 나누어져 분업화되어 있습니다. 설계를 전문적으로 하는 곳이 있는가 하면, 설계도를 보고 만드는 것만 전문적으로 하는 곳도 있습니다. 또 설계와 제조를 한 번에 같이 하는 회사도 있습니다. 설계만 주로 하는 회사를 '팹리스'(fabrication+less, 제조가 없는)라고 부릅니다. 그리고 제조만 전문적으로 하는 회사를 두고서는 '파운드리'(foundry, 제조 공장)라고 부릅니다. 메모리 반도체는 저장용입니다. 저장용 공간은 특별한 설계 없이 빠르게 저장할 수 있고 넉넉하게 저장만 할 수 있으면 됩니다. 반면 연산이나 처리를 주로 하는 비모메리(시스템) 반도체는 어떻게 설계하느냐에 따라 성능 차이가 달라집니다. 그래서 팹리스와 파운드리로 나뉘는 구조는 메모리 반도체 분야보다는 비메모리 반도체 분야에서 더욱 일반적입니다.

## 반도체 주요 플레이어

아시다시피, 우리나라의 삼성전자와 SK하이닉스는 메모리 반도체 분야에서 최고 수준의 기업입니다(설계와 제조, 둘 다 동시에 합니다). 그러면 비메모리 반도체 부문에도 비슷한 강자가 있다고 추측해 볼 수 있는데요. 비메모리 반도체는 설계와 제조의 분업이 확실한 만큼 설계 전문 회사와 제조 전문 회사가 나뉘어져 있습니다. 대표적인 설계 전문 회사가 인텔, 퀄컴, AMD, ARM, 애플, 엔비디아 등입니다. 여기서 특이한 회사가 애플입니다. 다른 회사들은 타 기업에 팔기 위해 반도체를 설계하지만, 애플은 자기네 제품(아이폰, 아이패드 등)에 사용하기 위해 반도체를 설계합니다. 그래서 애플을 팹리스 회사로 보는 게 맞을지 전혀 다른 회사로 봐야 할지 가끔 고개가 갸우뚱해질 때가 있습니다. 앞서 소개한 회사 중 ARM을 제외하면 모두 미국 회사입니다(ARM은 영국 기업입니다). 반도체 산업에서 미국의 영향력이 얼마나 큰지 이것만 봐도 단박에 알 수가 있습니다.

제조 분야의 파운드리 회사로는 여러 곳이 있지만 절대 강자는 TSMC 입니다. 워낙 막강해서 이곳 하나만 기억해도 될 것 같습니다. TSMC(Taiwan Semiconductor Manufacturing Co., Ltd.)는 이름에서부터 알 수 있듯 대만 회사입니다. 한국에 삼성전자와 SK하이닉스가 있다면 대만에는 TSMC가 있다고 보면 될 정도로 대만을 대표하는 기업입니다. 매출로도 삼성전자를 앞섭니다. 설계 기술 없이 제조 기술만으로 엄청난 영향력을 가지다 보니 삼성전자나 SK하이닉스도 파운드리 사업에 진출하는 것을 고민할 정도입니다(삼성전자는 실제 사업부를 만들고 열심히 노력하고 있지만, 아직 의미 있는 위탁 제조 수주를 받았다는 뉴스는 나오지 않고 있습니다). 제조만으로도 이렇게 막강한 힘을 갖게 된 것에는 수요 폭발이 뒷받침되었기 때문입니다. 스마트폰이 전 세계에 퍼지면서 그 필요 대수가 엄청나게 증가했고 이를 감당해줄 수 있는 곳은 TSMC밖에 없었습니다. 그러다 보니 제조만으로도 막강한 영향력을 갖게 되었습니다.

지금까지는 반도체 상품으로 어떤 종류가 있고 그 분야의 메인 플레이어가 누구인지 살펴보았습니다. 이제 반도체 공정을 한 번 살펴보겠습니다. 반도체를 만들기 위해서는 여러 복잡한 공정을 거쳐야 합니다. 삼성전자도 전체 공정을 컨트롤 하기는 하지만, 모든 과정 전체를 직접 100% 수행하는 것은 아닙니다. 그리고 중요 공정별로 반드시 필요한 재료나 장비가 있고(이를 '소부장'=소재, 부품, 장비이라고 함), 직접 만들어 쓰기도 하지만 대부분은 수입해서 사용합니다. 이중 반도체 성능을 결정짓는 중요 공정을 담당하는 장비는 반도체 성능을 결정짓는 역할을 합니다. 그리고 이러한 장비를 제조해서 반도체 제조회사에 납품하는 회사는 마치 슈퍼 을과 같은 지위를 누립니다. 그런 곳의 대표 기업 중 하나가 네덜란드의 ASML입니다.

ASML은 세계 최대의 노광장비 제조사입니다. 반도체를 만들 때 회로를 그려야 하는데, 얼마나 미세하게 잘 그리느냐는 핵심 기술 중에서도 핵심입니다. 지금은 반도체 미세화가 나노 단위 수준으로까지 발전했습니다. 너무 미세하다보니 물리적인 방법으로는 회로를 그릴 수 없고 화학적인 방법으로밖에 그릴 수밖에 없습니다. 이때 화학적인 방법을 위해 빛을 쬐어주는 장비가 필요한데 바로 '노광장비'입니다. EUV공정이라고도 부르는데, 이 장비를 제작할 수 있는 회사가 전 세계에서 ASML 한 곳뿐입니다. 매년 생산할 수 있는 장비 수량이 한정적이어서 돈을 많이 줄 테니 어서 만들어 달라고 해도 줄을 서서 번호표 뽑고 기다려야 할 정도입니다. 삼성전자나 TSMC에서 공장을 새롭게 만들고자 할 때도 이 장비의 수급 일정에 따라 공장 증설이 결정될 정도입니다.

반도체 공정에 있는 기업은 아니지만, 인공지능 이슈와 관련해서 꼭 기억해야 할 기업이 있습니다. 바로 엔비디아입니다. 앞에서도 여러 번 언급한 적이 있을 정도로 중요한 회사입니다. 엔비디아는 GPU에 특화된 회사이고 설계를 전문으로 합니다. 인공지능의 성능 향상에 중요한 것이 얼마나 많은 머신 러닝을 했느냐, 얼마나 빠르게 연산이 가능한가입니다. 이 역할을 하는 것이 GPU입니다. 엔비디아를 두고 미국 서부에서 금광을 찾는 시대에 채굴 장비와 청바지를 판매한 사업자로 설명하기도 합니다. 엄청난 매장량이 있을 것으로 기대되는 금광(인공지능)이 발견되고, '황금'을 캐내기 위해 사람들이 금광에 몰려듭니다. 누군가는 금을 찾아서 부자가 되겠지만 모두가 그렇지는 못합니다. 그런데 가장 확실하게 부자가 된 사람이 있습니다. 바로 금광 주변에서 금을 캐내는 데 필요한 장비를 팔았던 사람입니다. 엔비디아가 바로 인공지능이라는 금을 캐내는 데 필요한 장비(GPU)를 파는 회사입니다.

한 가지만 더 알고 가면 좋겠습니다. CPU는 사람의 두뇌에 비유하는 것처럼 처리 속도도 빠르고 정확도가 뛰어난 제품입니다. 그럼 왜 인공지능 시대에 왜 CPU가 아니라 GPU가 필요한 것일까요? 예를 들어 설명한다면, CPU는 어떤 종류의 암석도 정밀하게 뚫어낼 수 있는 굴착기입니다. 반면 GPU는 암석을 뚫지는 못하지만 보통의 땅 파기는 아주 잘하는 굴착기입니다. 일반적인 경우라면 최신의 굴착기를 고를 테지만, 인공지능 금광에서는 암석층을 뚫는 것보다 엄청나게 많은 곳의 땅을 파는 작업이 더 중요합니다. 그래서 CPU보다 개별 역량은 떨어지더라도 땅파기에 특화된 GPU가 인공지능에서는 더 중요한 역할을 하게 됩니다.

## 미중 반도체 전쟁

반도체 밸류체인에 있어서 주요 플레이어(기업)를 살펴보았습니다. 이번에는 밸류체인의 주도권을 잡기 위한 국가 간 일어나는 '반도체 전쟁'을 살펴보겠습니다. 예상했다시피 미국과 중국 사이의 '칩 워'(Chip War)입니다. 여러 번 얘기했지만 마찬가지로 중요하다 생각하시고, 좀 더 자세히 살펴보도록 하겠습니다.

미국의 전략은 한 마디로 중국을 고립시키는 것입니다. 그리고 미국 땅을 중심으로 모든 반도체 공정을 재배치하는 것입니다. 반도체 산업에서 밸류체인은 매우 중요합니다. 그런데 미국 입장에서 중국이 자꾸 거슬리다 보니 이 연결고리에서 빼려고 합니다. 그뿐만이 아닙니다. 한국과 대만에 있는 제조 공장도 미국 영토 안에 두려고 합니다. 마치 우리나라 정부가 용인에 반도체 클러스터를 짓겠다고 하는 것과 비슷합니다. 아무리 미국이라도 다른 나라 기업을 유인하려면 인센티브가 필요합니다. 이 인센티브를 명확히 하는 법안이 미국의 '반도체 지원법'이라 불리는 '반도체 칩과 과학법'(CHIPS and Science Act of 2022) 일명 '칩스 법'입니다. 향후 미국의 반도체 생태계를 육성하기 위해 약 2,800억 달러(약 400조)를 투자한다는 법안입니다. 이 중 우리나라 기업에 해당하는 내용은 미국에 반도체 공장을 짓는 기업에게 주어지는 25%의 세액 공제와 보조금입니다. 법안에 따르면 미국에 반도체 시설을 지을 때 최대 30억 달러의 보조금을 받게 됩니다. 다만 '가드레일' 조항이 있습니다. 미국의 돈을 받는 대신 미국의 경쟁국인 중국에 이득이 되는 행위를 하면 안 된다는 조항입니다. 구체적으로 중국의 공장에서는 28나노 이하 미세 공정 제품을 생산할 수 없다는 약정입니다. 어느 나라의 어느 기업이 어느 정도 규모의 공장을 짓기로 했는지 그리고 보조금을 얼마나 받는지를 보게 되면, 앞으로 어떤 기업이 경쟁력을 갖출 수 있는지를 추정할 수 있습니다.

반도체 지원법을 만들고 서명한 사람은 미국의 바이든(민주당) 대통령입니다. 하지만 2024년 하반기 있었던 대선에서 공화당의 트럼프가 당선되었습니다. 트럼프는 바이든과 다르게 '보조금 지급에 반대'하는 입장을 갖고 있습니다. 보조금 지원법의 폐지까지 고려한다는 의견도 있지만, 정도의 차이만 있을 뿐 완전 폐지까지는 되지 않을 전망입니다(2024년 12월 한국의 삼성전자와 SK하이닉스는 일부 줄어든 금액이긴 하지만 보조금 수령을 확정 지었습니다). 트럼프의 기본 스탠스에는 거래 원칙이 자리 잡고 있습니다. 동맹국들이라도 분명한 정산(주고받기)을 해야 한다는 입장입니다. 당분간은 트럼프 대통령의 기본 입장이 실제로 어떻게 정책으로 나타날지, 어느 수준으로까지 반영될지 유심히 살펴봐야 합니다.

그리고 불행 중 다행이 될지, 엎친 데 덮친 격이 될지 모르겠지만 대만의 대표 기업인 TSMC의 앞날도 불투명해 보입니다. 미국과 중국의 갈등, 그리고 중국과 대만의 갈등에 따라 큰 변화가 예상됩니다. 중국이 미국을 괴롭히는 방법 중 하나가 '하나의 중국' 정책(중국 본토와 타이완섬, 홍콩, 마카오는 하나의 나라, 하나의 정부라는 주장)을 내세워 대만의 긴장감을 고조 시키고 전 세계 반도체 수급을 불안하게 만드는 것입니다. 미국 역시 이를 모르지 않기 때문에 TSMC에게 보조금을 줘여 주며 미국 땅 위에 공장을 짓도록 요청했습니다(2024년 11월 바이든 정부는 트럼프 정부의 출범을 앞두고 TSMC에 대한 보조금 지급을 확정해버렸습니다).

이제 중국 입장에서도 살펴보겠습니다. 바이든 정부 아래 에서 중국은 거대한 내수 시장과 강력한 정부 중심의 지원 정 책을 바탕으로 반도체 기술 내재화에 집중했습니다. 그리고 이러한 노력은 레거시 반도체 개발 성공에서부터 가시화가 되었습니다. 레거시 반도체란 첨단 반도체와 대비되는 것으 로 높은 기술력이 필요치 않은 반도체입니다. 첨단 스마트폰 에 들어가는 칩이 아니라 간단한 전자시계나 가전제품 정도 에 들어가는 반도체입니다. 이러한 제품부터 중국은 내재화를 마무리 짓고 자국에서 생산하는 전자 제품에 탑재하기 시작 했습니다. 중국 시장이 중국산 반도체로 대체되기 시작하면서 우리 기업의 설자리는 점점 줄어들고 있습니다. 그리고 정부 주도로 각종 연구 개발에 집중적으로 투자하면서 더 많은 돈, 더 좋은 대우로 한국과 일본의 반도체 관련 인재를 영입하고 있습니다. 인력 유출의 문제도 심각하게 보아야 합니다.

미국과 중국의 반도체 갈등은 총만 안 들었을 뿐이지 전쟁이나 마찬가지입니다. 적어도 몇 년 동안은 두 국가 사이의 전쟁 상황은 계속해서 이어질 것으로 보입니다. 지금의 미국 공세가 과거 일본 반도체 산업을 주저앉힌 것과 같은 효과를 얻을 수 있을지, 그렇지 않고 미국이 영국에게 독립한 것처럼 중국 또한 반도체 분야에서 기술 독립을 하게 될지는 알 수가 없습니다. 하지만 중요한 한 가지는 미국과 중국이 우리나라를 끌어들이려는 이유가 결국은 자기네 이득 때문이라는 것입니다. 두 나라 모두 자기들이 반도체 패권을 쥐고 싶어하지 우리나라와 함께 협력해서 무언가를 해보겠다는 생각은 하지 않습니다. 고래 싸움에 새우 등 터지지 않으려면, 그리고 독립적인 목소리를 내기 위해서는, 자체적인 반도체 역량을 끌어올리는 수밖에 없습니다.

———

정리해보겠습니다. 반도체 회사를 지역으로 구분해 보면, 설계는 미국과 유럽, 제조는 대만과 한국이 양분하고 있습니다. 이런 구조를 뒤흔들 가장 큰 변수는 중국입니다. 미국이 중국으로 첨단 반도체 칩이나 제조 장비가 들어가지 못하도록 막고 있는 동안, 중국은 자국의 반도체 역량을 키우기 위해 애를 쓰고 있습니다. 아직은 세계 반도체 시장을 흔들만큼 중국의 영향력이 막강한 것은 아니지만 테슬라를 위협하는 전기 자동차 BYD, 전기차 배터리 시장을 평정 중인 CATL처럼 언제 중국의 반도체 기업이 세계 시장을 흔들지는 모르는 일입니다. 그리고 과거 80년대의 반도체 왕좌는 일본이었습니다. 지금은 그렇지 못하지만 정부가 적극적으로 나서서 과거의 영예를 되찾아 오자고 하는 만큼 일본의 변신도 어떻게 될지 아무도 모르는 일입니다. 이러한 오만가지 변수 속에 트럼프 대통령이란 예측 불가능한 변수가 하나 더 추가되었습니다. 향후 짧게는 반년에서 1년 정도 우리나라 반도체 기업들은 매우 불확실한 시간을 맞을 것 같습니다.

# 4

# 우리나라의
# 대표 반도체 기업

우리나라에서 반도체는 꽤 괜찮은 산업 정도가 아니라 핵심 필수 산업입니다(수차례 강조하는 내용이네요). 삼성전자와 SK 하이닉스 얘기가 대표 기업으로 뉴스에 자주 등장하지만 반도체 기업에는 이들 두 회사만 있는 것은 아닙니다. 반도체 제조 공정마다 수많은 회사가 각자의 역할을 하면서 우리나라의 반도체 제조 역량을 세계 일류 수준으로 이끌었습니다. 여러 다른 기업들을 살펴보면 좋겠지만 가장 대표 기업인 삼성과 하이닉스 두 회사의 과거와 현재, 이들이 안고 있는 숙제에 대해 간단히 짚어보도록 하겠습니다. 특히 두 기업의 역사는 드라마틱하고 반전에 반전을 거듭하는 재미가 있습니다.

## 삼성전자

성공한 창업주들 뒤에는 항상 드라마 같은 이야기가 있습니다. 노력도 있지만 그에 따르는 운도 있기에 영화 같은 이야기가 만들어지는 것 같습니다. 삼성전자는 요약하면 초대 회장이자 1대 창업주인 이병철 회장이 반도체의 씨앗을 심고, 2대 이건희 회장이 꽃을 피웠고, 3대 이재용 회장이 수성과 확장을 위해 노력하는 중이라고 할 수 있습니다.

반도체에 대한 이병철 회장의 생각은 1974년 한국반도체라는 회사의 지분을 50% 인수하면서 시작됩니다. 그리고 1977년 나머지 지분까지 인수하게 되면서 사명을 삼성반도체로 바꿉니다. 하지만 기술 없이는 아무것도 할 수 없는 것처럼 이렇다 할 성과 없이 삼성반도체는 1980년 삼성전자공업에 인수됩니다. 처음에는 여러 신규 사업 중 하나로 큰 성과 없이 소리소문없이 사라질 것처럼 보였습니다. 하지만 이병철 회장은 1982년 도쿄의 한 호텔에서 반도체 사업에 대한 구상에 들어간 후, 1983년 2월 반도체 사업에 진출하겠다는 '도쿄 선언'을 발표합니다. 회사 내부는 물론이고 회사 밖이나 해외 여론 등 어느 곳 하나 우호적으로 보지 않았습니다. 하지만 창업주의 뚝심일까요? 미국 마이크론과 기술 이전 계약을 맺고 삼성은 반도체 산업에 본격적으로 뛰어듭니다. 대수롭지 않게 여겼던 삼성에서 시제품이 나오자, 협력 관계였던 마이크론은 비협조적으로 바뀌기 시작합니다. 삼성 입장에서는 스스로 기술을 개척하는 수밖에 없었습니다. 어려운 상황임에도 삼성은 1년도 채 되지 않아 1983년 11월 64K D램 개발에 성공합니다. 미국, 일본에 이은 세계 세 번째라는 놀라운 성과였습니다. 삼성의 신화가 시작된 첫걸음이었습니다. 하지만 난관은 아직 끝나지 않았습니다.

삼성이 막 양산을 시작하던 1985년 미국과 일본의 공격적인 투자로 시장에는 반도체 물량이 넘쳐났습니다. 한마디로 반도체 공급 과잉이었습니다. 공급이 늘어나면 가격은 떨어지는 것이 당연한 시장의 법칙입니다. 이때가 기회라 생각한 일본 업체들은 1/3가격으로 단가를 낮추며 삼성을 억누르는 칼날을 들이댔습니다. 삼성뿐만 아니라 미국 기업도 힘들긴 마찬가지였습니다. 상황이 이렇다 보니 큰형을 자임하던 미국 정부가 나서게 됩니다. 앞에서 공부했던 플라자 합의입니다. 1986년 미국은 일본 정부를 불러 환율을 조정하는(엔달러 절상) 플라자 합의를 맺고, 이어 미일반도체 협정을 맺어, 일본의 반도체 생산량에 타격을 입힙니다.

그 와중에 삼성은 1987년 기흥에 세 번째 반도체 라인 착공식을 엽니다. 축제 분위기가 아닌 우울함과 두려움이 가득한 행사였습니다. 왜냐하면, 3년 동안 2천억 원 넘게 손해를 보고 있는데, 또 공장을 짓는다니 마음이 편할 리가 없었습니다. 게다가 반도체 산업의 씨앗을 뿌린 이병철 회장은 돌아올 수 없는 곳으로 떠났고, 2대 이건희 회장이 뒤를 이어 반도체 산업을 이끌어야 했습니다. 안개가 자욱한 상황에서 오로지 선장의 지시만 믿고 항해에 나서야 할 상황이었습니다. 하지만 바뀐 선장은 기존의 항로를 변경하지 않고 뚝심 있게 밀어붙였습니다. 그러다 서울에서 올림픽이 열리던 1988년, D램 시장은 반전됩니다. 전 세계적으로 PC가 널리 보급되면서 메모리 반도체의 수요가 폭발적으로 증가한 것입니다. 경쟁자라 할 수 있는 일본은 고맙게도(?) 미국으로부터 강펀치를 맞은 직후라 힘이 빠져 있었습니다. 삼성은 반전 수준을 뛰어넘어 그동안 쌓인 누적 적자를 1년 만에 만회하고 큰 이익을 남기게 됩니다. 이어서 1992년, 삼성전자는 64메가 D램을 세계 최초로 개발하면서 세계 1위에 등극합니다. 이병철 회장의 도쿄선언 이후 채 10년이 안 되어 삼성의 신화가 완성된 것입니다. 중간중간 여러 어려움이 있었지만, 지금까지 이를 잘 극복해 내며 한국 경제를 대표하는 기업이 되었습니다.

이제 삼성전자는 2세에서 3세로 경영권이 넘어오면서 새로운 도전에 직면하고 있습니다. 3세 이재용 회장은 새로운 비전을 제시하고 미중 사이에서 현명한 줄타기도 해야합니다. 파운드리 사업 분야의 진출과 성공, 한발 늦었다고 평가받는 인공지능의 핵심 제품인 HBM 개발까지 여러모로 넘어야 할 산이 많습니다. 어려움을 뚫고 신화를 계속해서 잘 써갈지 아니면 전성기를 지나 하락기에 들어갈지 중요한 갈림길에 서 있는 시기입니다.

## SK하이닉스

SK하이닉스에 대해 알아보겠습니다. 삼성전자가 인물 중심의 드라마였다면 SK 하이닉스는 회사 중심의 드라마틱한 역사를 가지고 있습니다. SK하이닉스의 역사를 이야기하려면 우리나라의 굵직한 재벌인 현대그룹과 LG그룹까지 소환해야 합니다.

1980년대 LG전자와 현대전자(현대그룹의 전자 회사)도 삼성전자처럼 반도체 산업에 뛰어들었습니다. 반도체 매출로만 순서를 매기면 삼성-LG-현대 순이었습니다. 삼성전자가 반전에 성공해 세계 1등으로 달려갈 때 우리나라 2~3등 업체인 두 회사는 힘겹게 1등을 따라가던 입장이었습니다. 그러다 1997년 IMF 외환 위기를 맞습니다. 이때는 재벌 기업조차도 하루아침에 부도가 나서 쓰러지는 시기였습니다. 대한민국 경제를 어떻게든 살려내고자 했던 정부는 해법의 하나로 '빅딜'(Big Deal)을 제시합니다. 덩치가 큰 사업이 두 개 이상이면 통 크게 한 곳으로 몰아 효율을 이루자는 정책이었습니다. 좋게 말해 빅딜이지 사업을 넘겨야 하는 기업 입장에서는 정부가 마치 조폭처럼 보였을 것입니다.

LG그룹은 반도체라는 누가 봐도 분명한 미래 먹거리를 현대그룹에 넘깁니다. 당시 반도체 분야에서 LG전자가 2등이었고, LG 그룹의 오너들은 이러한 조치에 크게 반발했다는 이야기도 있습니다. 하지만 결국에는 현대전자(반도체)가 반도체 사업의 2인자가 됩니다. 그런데 현대그룹이 반도체 사업을 잘 꾸려왔다면 지금의 하이닉스 앞에 SK라는 이름이 붙어 있지 않았겠죠? 현대 그룹의 창업주인 정주영 회장이 2001년 사망하고, 2세들끼리의 그룹 경영권을 둘러싼 '왕자의 난'을 거치면서 현대그룹은 여러 개로 쪼개집니다. 현대차와 기아차로 유명한 현대차그룹 그리고 중공업, 조선업, 정유업을 묶은 HD현대, 마지막으로 현대라는 이름은 가지고 있지만 상대적으로 규모가 작은 현대그룹으로 삼분할이 됩니다. 그런데 이때 현대전자는 어느 곳에서도 소속되지 못하고 좌초되어 워크아웃에 들어갑니다. 게다가 회사 이름도 하이닉스(Hynix)로 바뀝니다. 마치 홍길동 아버지가 죽으면서 집안이 쪼개져 버렸고, 형제들은 누구도 홍길동을 챙길 여력이 없어진 것과 비슷한 상황이었습니다. 홍길동이 김길동으로 이름을 바꿀 상황이 되어버린 것입니다.

이름 조차 바뀐 하이닉스는 새로운 주인을 찾기 위해 10여 년을 버티고 버팁니다. 돈을 잘 버는 회사였다면 누군가 금방 입양(?)을 했겠지만 가능성만 가지고 있는 회사이다 보니 누구도 손을 내밀지 않았습니다. 10년이라는 시간이 지나 안정을 되찾은 현대가에서 다시 하이닉스를 산다는 소문이 있었고, 빼앗기다시피 한 LG 그룹에서 다시 가져간다는 이야기도 있었습니다. 하지만 최종적으로 하이닉스는 2011년 SK그룹 소속으로 바뀌게 됩니다. 바로 SK하이닉스의 시작입니다. '선경'이란 이름으로 교복 사업에서 출발한 SK그룹은 정유사업(SK이노베이션, 과거 '석유공사')으로 덩치를 키우고, 이동통신사업(SK텔레콤)으로 파워를 채우고, SK하이닉스로 정점을 찍음으로써 명실상부한 국내 3대 재벌이 됩니다.

이처럼 SK하이닉스에는 LG, 현대, SK라는 우리나라 대표 재벌 기업의 DNA가 섞여 있습니다. 삼성전자에 밀려 만년 2등이던 SK하이닉스의 이야기는 아직 끝이 나지 않았습니다. 2024년 인공지능의 등장에 딱 맞춘 HBM이라는 제품을 선도했고, 가장 핫한 기업인 엔비디아에 반도체를 납품하면서 화려하게 성장하는 중입니다. SK하이닉스가 앞으로 어떤 행보를 펼쳐갈지 자못 기대가 됩니다.

---

정리해보겠습니다. 우리나라의 대표 산업인 반도체는 두 개의 대기업과 수많은 중견, 중소기업들의 협업으로 만들어낸 결과

입니다. 이 중 삼성전자는 초대 회장의 결심, 2대 회장의 실행으로 세계 정상에 오르는 '영웅 서사'를 갖고 있습니다. 반면 SK 하이닉스는 이리 치이고 저리 치이면서도 역경을 이겨내고 제국을 일으킨 '유목 민족의 성공 스토리'를 갖고 있습니다. 두 기업의 운명도 시시각각으로 변하고 있습니다. 2024년 현재, 2등인 SK하이닉스가 1등인 삼성전자보다 향후 성장 전망이 좀 더 유리해 보입니다. 기업들의 투자 전략과 시장 상황의 변화에 따른 두 대표 회사의 앞날을 예측해 보는 것은 중요하면서도 흥미로운 일입니다. 뉴스에서도 두 기업을 주목하면 돈이 앞으로 어디 흘러가는지, 한국 경제는 물론이고 세계 경제 전체를 이해하는 데 큰 도움이 됩니다.

# 5

# 가장 핫한 반도체
# HBM

## D램과 낸드플래시

반도체 시장을 전망하기 위해서는 현재 주력으로 팔리는 제품을 중심으로 향후를 예측해보는 것이 가장 현실적인 방법입니다. 메모리 반도체의 주력 제품은 D램과 낸드플래시라고 했습니다. D램 제품 중 DDR5라는 단어를 기억하면 좋습니다. DDR이란 'Double Data Rate'의 약자로 한 번에 두 배의 데이터를 전송한다는 의미를 갖고 있습니다. DDR 뒤의 숫자가 늘어날수록 최신 제품이며 최신 제품일수록 처리 속도는 빠르고 전력 소모량도 줄어듭니다. 한마디로 효율이 좋아집니다. 낸드플래시 메모리에서 주목할 단어는 SSD(Solid

State Drive)입니다. SSD는 저장 장치라고 생각하면 이해가 쉽습니다. 옛날 PC에는 HDD(하드 디스크 드라이브)가 사용되었습니다. 하지만 요즘은 노트북 사용이 증가하면서 SSD를 많이 사용하고 있습니다. 낸드플래시의 특징은 전원이 꺼져도 데이터가 사라지지 않는 것입니다. 낸드 플래시도 D램의 DDR5처럼 SLC, MLC, TLC, QLC 등의 이름이 붙습니다. Single, Multi, Triple, Quad Level Cell입니다. 단어를 보면 추측할 수 있는 것처럼 1, 2, 3, 4의 의미입니다. 단순하게 생각해도 1레벨보다 4레벨이 더 빠르고 최신임을 알 수 있습니다.

D램과 낸드플래시는 어디에 많이 사용될까요? 대표적으로 스마트폰이나 노트북 등이며, 이들 IT기기의 신규 수요나 교체 수요가 늘어날수록 시장이 커집니다. 그밖에도 새로운 전자기기의 유행이나 활성화를 눈여겨볼 필요가 있습니다. IT기기 외에는 자동차에서 반도체를 많이 사용합니다. 최근 출시되는 자동차는 움직이는 전자기기의 끝판 왕이라고 불립니다. 각종 설정 및 제어에 전자 장치가 쓰이며 이곳에도 반도체가 들어갑니다. 아직 활성화되지 않았지만 자율주행 자동차까지 포함한다면 자동차에 필요한 반도체 수준은 점점 더 높아지고 양도 늘어날 것입니다.

반도체 수요와 관련해서 '반도체 사이클'에 대해서도 알아둘 필요가 있습니다. 호황과 불황이 반복된다는 뜻으로 특히 메모리 분야 반도체에서 일어납니다. 반도체 수요와 공급의 불일치, 경기의 호황과 불황 사이클로 흔히 4년 주기로 반복해서 발생합니다. 주식 시장의 경우 반도체 사이클 전망이나 예측 등의 발표에 매우 민감하게 반응합니다.

## HBM

2023년 이전까지만 해도 메모리 반도체는 앞에서 살펴본 바대로 D램과 낸드플래시 두 가지로 분류했지만, 이제 대표 상품이 하나 더 생겼습니다. 바로 HBM(High Bandwidth Memory, 고대역폭 메모리)입니다. HBM은 상당히 고성능인 D램의 한 종류로 반도체를 아파트처럼 적층형으로 쌓아올린 구조로 반도체의 부피를 줄이는 장점을 갖고 있습니다. 데이터가 이동하는 통로를 늘여 데이터 처리 속도를 높이고 전력 효율을 향상시킨 차세대 메모리입니다. CPU나 GPU 바로 곁에 붙어서 필요한 데이터를 빠르게 가져다 쓸 수 있게 도와줍니다. 인공지능에 활용되는 슈퍼컴퓨터나 고성능 메모리 카드와 같이 거대한 정보를 빠른 속도로 다루는 데 최적화된 된 메모리입니다.

현재 HBM은 GPU와 뗄 수 없는 관계로 마치 히어로와 보조자(sidekick)와 같습니다. GPU가 배트맨이라면 HBM이 로빈입니다. 고성능인 만큼 수요처는 많지가 않았습니다. HBM

을 처음 개발한 곳은 SK하이닉스입니다. 2013년에 발표했지만 가성비가 떨어져서 별로 주목을 받지 못했습니다. 삼성전자 역시 HBM을 개발했지만 시장성이 없다는 이유로 2019년에 사업을 철수시켰습니다. 시장에서 활용할 곳을 찾기 힘들었기 때문입니다. 그러다 생성형 AI가 나오고 인공지능이 미래 산업을 대표할 핵심 기술이 되자 HBM은 미운 오리에서 일약 백조로 모습을 바꿉니다.

인공지능하면 GPU입니다. 그동안 처리 장치의 대표자는 CPU였는데 요즘은 GPU라는 단어를 더 많이 듣습니다. 왜 그런지 짧게 설명해 드리겠습니다. 가장 좋은 비유는 '식당의 요리사'와 '조리대'입니다. 손님이 원하는 요리(결과)를 잘 만드는 요리사(처리 장치)는 유명 쉐프입니다. 미슐렝 3스타나 2스타처럼 예술 수준으로 요리를 만드는 요리사는 엄청난 능력을 갖고 있습니다. 희귀 재료도 잘 알아야 하고 요리하는 손놀림도 빨라야 하고 플레이팅 실력도 뛰어나야 합니다. 전통적인 CPU의 역할입니다. 근데 GPU는 마치 '칼질'만 잘하는 요리사와 같습니다. 재료에 따라 요리를 어떻게 해야 할지는 잘 모르지만 이 세상 어떤 요리사보다도 '칼질'만큼은 빠르고 정확합니다. 즉 GPU는 '칼질 전문 요리사'입니다. 이렇게만 설명하면 인공지능 시대에 GPU가 CPU보다 더 주목받는 이유를 잘 모르겠습니다.

이제 인공지능의 대표격인 생성형 AI, 그리고 생성형 AI를 있게 한 LLM에 대해 얘기해보겠습니다. LLM은 'Large Language Model'의 약자입니다. 우리 말로 '거대언어모델'이라고 부릅니다. 친구와의 대화를 생각해 보겠습니다. 친구가 "내일 날씨 어때?"라고 나에게 묻는다면 머릿속으로 재빨리 알고 있는 데이터(아침에 들은 날씨 뉴스라거나 사람들의 옷차림, 새들의 움직임 등)를 순식간에 스캔한 후 "내일의 날씨는 추울 거야" 이렇게 답을 합니다. LLM은 아침에 들은 뉴스처럼 우리 머릿속에 여러 데이터를 구축해 놓는 것과 같습니다. 여러 개의 언어를 미리 심어놓고 필요할 때 적절히 꺼내쓰는 것입니다. 이를 일종의 머신 러닝으로 이해해도 무방합니다. 우리가 기억에 의해 대답을 하듯, 여러 머신러닝한 데이터 속에서 가장 적당한 답을 '찾는' 방식이 LLM입니다.

GPU는 여기서 '찾는' 역할을 담당합니다. 찾는 방법 역시 수많은 경우의 수를 고려합니다. 예로 들었던 '칼질'이 바로 이 계산입니다. 비유가 좀 이상하게 들리겠지만, '생성형 AI'라는 식당에서 손님의 주문을 듣고 수많은 데이터에서 가장 빠르게 재료를 찾아서 칼질을 한 후에 접시에 담아내는 것입니다. 이럴 때는 뛰어난 쉐프 한 명보다 칼질을 잘하는 쉐프 여러 명이 있는 것이 훨씬 더 유리합니다. 이렇게 단순 계산을 잘하는 것에 특화된 요리사가 GPU입니다. 실제 GPU는 고해

상도의 이미지를 구현하기 위한 그래픽 처리에 특화된 장치였지만 지금은 인공지능에 최적화된 제품의 대명사로 불리고 있습니다. 그래서 일부 사람들은 GPU 대신 '생성형 반도체'로 부르자는 제안을 하기도 합니다. 저도 'AI용 반도체'라는 표현이 좀 더 적당한 명칭이 아닌가 싶습니다.

그러면 HBM은 어디에 필요한 것일까요? GPU가 요리사라고 했습니다. 요리하기 위해서는 재료가 필요합니다. 재료는 냉장고에 있습니다. 냉장고 역할을 하는 것이 메모리 반도체인 SSD와 HHD입니다. 모든 재료를 냉장고에 저장해 둘 수 있지만 요리를 위해서는 필요한 것만 꺼내서 조리대 위에 올려두어야 합니다. 그렇지 않으면 냉장고와 조리대를 오가는 일이 너무 번거로워집니다. 이때 조리대에 재료를 올려 놓는 방식을 층층히 쌓아두는 식으로 한다면 재료를 더 많이 꺼내둘 수 있습니다. 조리대의 크기를 키워도 되겠지만 좁은 주방이라면 불가능합니다. 그래서 적당한 크기의 조리대에 층층이 쌓는 방식으로 재료를 준비해두는 것입니다. 이것이 바로 HBM입니다.

HBM은 SK하이닉스가 먼저 개발했다고 하지만 삼성전자도 관련 기술을 갖고 있습니다. 다만 상용화를 하지 않았을 뿐입니다. SK하이닉스의 HBM이 삼성전자를 제치고 엔비디아에 납품된 데에는 '맞춤'이라는 것이 중요한 역할을 했습니다.

생성형 AI 식당에서 요리사(GPU)는 빠르게 요리하기 위해 냉장고 외에 별도의 조리대를 설치했습니다. 여기까지는 삼성이나 하이닉스나 동일합니다. "자! 우리 제품을 써보세요. 우리가 조리대는 세계 1등입니다." 엔비디아에서는 "한번 줘보세요. 테스트해볼게요." 그런데 엔비디아 요리사가 원하는 형태의 크기와 높이, 조리 습관에 맞춰 납품한 것은 SK하이닉스의 조리대(HBM) 뿐이었습니다. 삼성전자 제품이 더 좋을 수는 있지만, 엔비디아 입장에서는 자신에 딱 맞춤 된 제품이 더 좋습니다. 이처럼 SK하이닉스와 엔비디아의 협업 경험은 최고의 요리를 내놓는 주방처럼 딱딱 맞아떨어지면서 최적의 효과를 발휘하고 있습니다. 삼성전자가 이 틈을 파고들기 어려운 이유입니다.

향후 SK하이닉스의 HBM이 계속해서 주력 제품 역할을 할 수 있을지는 잘 모르겠습니다. 당분간은 그럴 것 같지만 엔비디아 GPU와 한 세트로 묶인 HBM이란 상품의 독주를 다른 회사들이 그대로 두고 보고만 있지는 않을 것 같습니다. 새로운 대륙으로 갈 수 있는 이동 수단은 현재 엔비디아가 독점하고 있는 셈이고, HBM은 엔비디아가 만든 운송 수단에 가장 적합한 바퀴와 같은 존재일 뿐입니다. 새로이 발견된 대륙인 인공지능이 정말로 젖과 꿀이 흐르는 곳인지는 아직 알 수 없습니다. 그곳으로 가기 위한 이동 수단 역시 엔비디아 중심으로 계속 갈지도 알 수 없습니다. 마찬가지로 HBM이 계속해서 가장 적합한 장치일지도 미지수입니다.

AI용 반도체(GPU) 시장에서 핵심은 처리 속도 그리고 전력 사용량입니다. 그리고 사용자가 늘어야 하고 동시에 가격도 적당해야 합니다. 현재는 이런 일을 가장 잘하고 있는 곳이 엔비디아입니다. 당분간은 엔비디아의 위상은 계속해서 유지될 것 같습니다.

———

정리해보겠습니다. 반도체는 크게 3세대의 발전과정을 거쳐왔습니다. 1세대는 PC 기반의 CPU, 2세대는 스마트폰 기반의 AP, 3세대는 인공지능 기반의 GPU입니다. 1세대의 주역이 인텔이었다면, 2세대는 AMD, 3세대는 엔비디아가 주도하고 있습니다. 각 세대에 맞게 우리나라의 메모리 반도체 회사들은 D램과 낸드플래시 그리고 HBM을 제공하며 함께 성장했습니다(성장 중입니다). 대표 기업인 삼성전자는 1세대와 2세대를 주름잡다 3세대에서 SK하이닉스에 선두를 뺏긴 형국입니다. 인공지능의 발전 정도에 따라 선두 주자는 계속 바뀔 것입니다. GPU와 같은 고성능 처리 장치의 수요가 증가하고 있으며 그와 함께 메모리 반도체의 중요성도 커지고 있습니다. 한마디로 더 작은 칩에서 더 많은 기능을 구현하려는 기술이 요구되고 있습니다. 한국 기업들은 메모리 분야에서는 강력한 경쟁력을 보유하고 있으나, 비메모리 분야에서는 아직 갈 길이 멉니다. 인공지능으로 비즈니스 트렌드가 바뀌는 지금, 비메모리 분야에서도 한국 기업이 선전할 수 있기를 기대해봅니다.

**6**

# 반도체 산업에
# 투자하는 방법

## 반도체 클러스터

반도체 클러스터라고 뉴스에서 많이 들어봤습니다. 클러스터 (Cluster)란 다양한 분야에서 사용되는 단어인데, 사전적 의미로는 집합, 군집, 무리(떼) 입니다. 검색 분야에서는 '클러스터링'이 검색 결과 중 비슷한 것들을 묶어서 처리한다는 의미가 있습니다. 산업이나 연구에서는 '클러스터'라고 하면 여러 관련 단체나 기관을 모아 놓은 산업이나 연구 단지를 뜻합니다.

단지를 구성하는 이유는 효율성 때문입니다. 2023년 3월 대통령이 직접 발표한 세계 최대라는 '반도체 메가 클러스터'를 예시로 놓고 살펴보겠습니다. 반도체를 만드는 대표 기업이 삼성전자와 SK하이닉스라고 말했지만, 이들이 반도체의 모든 것을 만들지는 않습니다. 여러 소부장 기업의 도움을 받아 반도체를 만듭니다. 이때 가까운 곳에 협력 업체들이 위치해 있다면 그 시간을 아낄 수 있습니다. 즉 물리적으로 연관된 회사들을 한 곳에 모아 두면 좋다는 건데, 어떻게 하면 모을 수 있을까요? 인센티브를 주는 방법이 가장 대표적입니다. 인센티브는 직접적인 지원이라기보다는 혜택(benefit)으로 보는 편이 좀 더 맞을 것 같습니다.

이전을 위해서는 입주 공간인 땅이 필요합니다. 정부에서는 팔을 걷어붙이고 나서서 땅(용지)을 확보해줍니다. 원래는 땅임자가 있을 거고 거주하는 분들이 있을 테니, 정부는 이들에게 적절한 보상을 해주고 땅을 확보합니다. 그런 다음 인프라를 구축합니다. 반도체 산업 특성 중 아주 중요한 자원(?)이 있습니다. 바로 물과 전기입니다. 반도체 제조 공정 과정에서 엄청난 양의 전기와 물을 사용하기 때문에 안정적으로 싸게 공급받는 것이 중요합니다.

2021년 대만에서 가뭄이 심각했을 때 전 세계는 혹시 반도체 수급에 차질이 생길까 봐 걱정을 했습니다. 이때 대만 정부는 TSMC에 우선하여 물을 공급하겠다는 발표를 했을 정도입니다. 최근 친환경 트렌드에 맞춰 재생 에너지 사용에 대한 니즈가 증가하고 있습니다. 뉴스에 심심찮게 등장하는

RE100은 100% 재생 에너지를 활용해서 만든 제품만 사용한다는 규약입니다. 특히 환경 정책에서 앞서 가는 유럽은 자국으로 수입되는 물품 중 환경 보호 기준을 지키지 않는 제품은 받지 않겠다고 무역 규제 정책까지 발표했습니다. 그리고 그 범위를 계속해서 확대하고 있습니다.

산업 단지 조성에서 인센티브의 핵심 키는 '세금을 줄여주고 규제를 간소화'해주는 것입니다. 취득세나 재산세를 감면해주고 여러 인허가 절차를 줄여줍니다. 이것 말고도 공장을 더 크게 지을 수 있도록 용적률을 높여주는 것도 있습니다. 말 그대로 남는 장사처럼 혜택이 느껴지도록 각종 정책적 지원과 배려를 아끼지 않습니다.

그런데 이렇게만 하면 산업 단지가 만들어질까요? 가장 중요하고도 민감한 문제가 남아 있습니다. 사람입니다. 거대한 산업 단지인 만큼 일할 수 있는 사람이 많이 필요합니다. 근데 일하고자 하는 사람은 많은데 출퇴근 거리가 너무 멀다면 아무래도 기피할 수밖에 없습니다. 당연히 산업 단지 주변으로 대규모 주거 단지가 들어서는 것이 좋습니다. 주거 단지가 커지고 늘어난다는 것은 집도 필요하고, 학교도 필요하고, 생활에 필요한 각종 편의 시설, 공공시설 등도 필요하다는 것을 뜻합니다. 당연히 교통 인프라도 확충되어야 합니다. 마치 신도시 하나를 세우는 것과 비슷합니다. 결과적으로 산업 단지를 중심으로 지역 경제가 만들어집니다.

　정부가 시행 공언을 한 반도체 클러스터가 들어설 용인 주변으로는 벌써 주택 및 아파트 단지 개발 뉴스가 계속해서 흘러나오고 있습니다. 산업 단지 조성 속도에 맞춰 그곳에서 일할 사람들이 살 아파트 분양 같은 뉴스도 계속해서 나옵니다. 이런 뉴스들이 점점 많아지기 시작하면 부동산 시세도 함께 보도됩니다. 산업 단지에서 시작한 뉴스의 포인트가 주거지 조성에서 부동산 투자로 점점 변경이 됩니다.

　이러한 과정을 압축적으로 보여준 곳이 화성시의 동탄이라는 지역입니다. 동탄은 2003년 개발을 시작할 당시에는 1만 명 정도가 살던 곳이었습니다. 근데 2024년 현재 40만 명이 넘는 인구가 거주하고 있습니다. 동탄은 주거지로 개발되었지만, 워낙 강력한 경제적 배후를 갖고 있기 때문에 빠르게 성장할 수 있었습니다. 삼성전자의 기흥캠퍼스와 화성캠퍼스가 인근에 있고, 세계 반도체 장비 업체들의 사무실도 근처에 있습니다. 삼성전자가 사용하는 '캠퍼스'라는 단어는 생산 공장을 뜻하는 말입니다. 약간의 과장을 더하면 삼성전자 반도체 공장 때문에 동탄이란 신도시가 만들어졌다고 해도 과언이 아닙니다. 동탄은 여러 인터넷 밈을 만들어 낼 만큼 다른 지역과 선명한 차이를 갖고 있습니다. 일단 거주 평균 연령이 낮습니다. 전국적으로 노령화 진행이 빠르게 이뤄지는 상황에서 젊은 도시는 흔치 않습니다. 그만큼 성장 잠재력이 높은 곳입니다. 사람들의 경제력 또한 높습니다. 가장 최신의 고부가가치 산업인 반도체와 주변 관련 기업에서 근무하는 직원들인 만큼 타 산업 대비 연봉도 높습니다. 이러한 규모의 경제 창출은 다양한 경제 인프라를 탄생시키는 선순환을 낳습니다.

세계에서 가장 크게 만들겠다는 '반도체 메가 클러스터'는 앞으로 어떻게 될까요? 해당 지역으로 주요 기업들의 입주가 순조롭게 이뤄지면서 명실상부 세계를 대표하는 반도체 산업 단지로 성장할 수 있을까요? 그때까지 우리나라 반도체 기업들은 여전히 세계 1, 2위를 다투고 있을까요? 그리고 주변 지역으로 부동산 가격은 계속해서 오를까요? 반도체 클러스터가 들어서는 지역은 부동산 시장에도 큰 영향을 미칠 것입니다. 대규모 투자와 인프라 개발은 주변 지역의 부동산 가치를 끌어올리고 고급 주택과 상업용 부동산 수요를 증가시킬 것입니다. 기술 집약적인 인재들이 해당 지역으로 이주하면서, 지역 경제와 부동산 시장에도 긍정적인 영향을 미칠 것입니다.

**반도체 산업 투자**

꼭 새롭게 조성되는 반도체 클러스터 주변에 살지 않으면서도 반도체 산업의 성장 과정에 동참하는 방법은 없을까요? 성장 과실을 함께 얻을 수 있는 가장 쉽고 확실한 방법은 관련 기업에 주식 투자를 하는 것입니다. 반도체 산업이 앞으로도 계속 성장할 것을 부정하는 사람은 없을 것입니다. 그러니 관련 주를 안 살 이유는 없겠죠. 삼성전자 주식을 두고서 '국민주'라고 말하는 것도 이런 이유 때문입니다.

2020년 코로나 사태 때 세계 각국의 정부는 말 그대로 경기 부양과 소매 시장이 죽지 않도록 엄청난 돈을 풀었습니다. 이렇게 풀린 유동성은 주식 시장으로 흘러들어 2020년부터 약 2년간 주식 대상승의 시대를 경험하도록 했습니다. 이때는 주식을 사기만 하면 오르는 장세였습니다. 주식을 모르는 사람일수록 그나마 '안전한 주식' '아는 회사' 주식을 고르다 보니 어느새 우리나라 국민 대다수는 삼성전자의 주주가 되었습니다. 이때부터 뉴스 제목에서는 삼성전자 대신 'X만 전자'라는 표현이 등장했습니다.

당시 삼성전자를 두고 모두가 10만 원이 넘을 거라는 기대를 했습니다. 하지만 아시다시피 그 기대는 이뤄지지 않았습니다. 2024년 말 현재 삼성전자의 주가는 5만 원대입니다. 9만 전자 때를 생각하면 엄청나게 하락했습니다. 하락의 이유는 여러 가지가 있겠지만, 가장 크게는 HBM을 제때 준비하지 못해 엔비디아에 납품할 기회를 놓쳐 인공지능의 파도를 타지 못한 것, 야심 차게 준비하는 파운드리 사업이 아직 오리무중인 것 때문입니다. 삼성전자는 이렇게 원투펀치를 맞고

비틀거리는 중입니다. 여기에 이재용 회장의 리더십, 차기 트럼프 정부의 자국 우선주의도 추가로 함께 우려되는 포인트입니다. 반면, SK하이닉스는 HBM이라는 효자 상품으로 삼성전자보다 더 나은 전망치를 보이고 있습니다. 특히 최태원 회장의 리더십은 안정적이라는 평가를 얻고 있습니다. 엔비디아의 CEO 젠슨황을 만나 돈독한 관계를 유지하는 모습을 보여주면서 두 기업 사이의 밀월 관계가 계속해서 이어질 것으로 전망됩니다.

그런데 2024년 말, 트럼프가 대통령에 당선되면서 이 같은 분위기는 싸늘히 냉각되고 있습니다. 트럼프는 반도체 기업의 보조금 정책 자체를 반대하거나 부정하는 입장입니다. 그리고 대 중국과의 관계에서도 우리 기업의 자유로운 활동을 제약하기도 합니다. 이런 상황이다 보니 가장 믿을 수 있는 대형주이자 가치주인 삼성전자와 SK하이닉스조차도 힘을 쓰지 못하고 있습니다. 이 두 기업마저 불안해진다면 국내 주식 투자들은 국내 증시를 버리고 미국 증시로 넘어가는 시도를 할 것입니다. 바로 이런 이유로 '서학 개미'들이 급증하고 있습니다.

미국의 자국 중심주의 강화는 다른 나라는 고려하지 않는 경제 정책으로 강달러 현상을 심화시키면서 미국의 시장 지수들을 모두 끌어올리는 현상을 낳고 있습니다. 실제 미국 기업의 실적이나 경기 흐름 이상으로 지수가 고평가되었다는 전망이 나오는 이유입니다. 엔비디아는 이런 분위기에 힘입어 시가 총액 1위를 찍을 만큼 성장세가 가파릅니다. 하지만 지금의 고점이 계속해서 유지될지는 의문입니다. 빠른 성장을 한 만큼 거품론도 계속해서 대두됩니다. 아마도 일시적인 조정 국면은 거치지 않을까 예상됩니다. 엄청난 성장 이후 내실을 다지며 조정을 겪는 시간은 반드시 오기 마련입니다.

엔비디아말고도 우리가 눈여겨볼 다른 기업은 많습니다. 꼭 반도체 회사는 아니지만 주요 빅테크 기업을 묶어 '매그니피센트 7'(Magnificent 7)라고 부르며 주목하기도 합니다. 여기서의 일곱 개 기업은 마이크로소프트, 애플, 알파벳(구글), 메타(인스타그램), 테슬라, 아마존, 엔비디아입니다. '매그니피센트'는 미국의 유명 애널리스트가 사용한 단어로 '감명 깊은' '훌륭한'이라는 뜻을 갖고 있습니다. 사실 이 단어는 영화 제목에서 따 왔습니다. 바로 《황야의 7인》입니다. 기술 기반 산업의 특성상 성장은 기정사실처럼 인정되지만, 이중 어느 기업이 살아남고 도태될지는 알 수가 없습니다. 성장성이 높은 만큼 위험성도 크다고 볼 수 있습니다.

최근에는 이런 개별 기업의 위험성을 분산하고자 안정적으로 투자할 수 있는 ETF 상품에 대한 관심도 뜨겁습니다. ETF는 '상장지수 펀드'(Exchange Traded Fund)입니다. 한 기업에 투자하는 것이 아니라 여러 기업을 묶어 투자하는 방식으로 펀드지만 주식 시장에 올려 놓고 개별 종목을 사고 팔듯이 쉽게 투자할 수 있도록 만든 상품입니다. 한 기업에 투자하는 것에 비해 변동성이 적고 위험이 분산되는 특징을 갖고 있습니다. ETF는 대부분 특정 지수를 추종하는 방식으로 가격이 결정됩니다. 지수는 '하나의 기준이 되는 수치'입니다. 지수를 '추종한다'라는 것은 말 그대로 '따라한다'는 뜻입니다. 코스피를 추종하는 ETF라고 한다면 코스피를 구성하는 대표 기업의 시가 총액 기준 주식 비율을 그대로 따라서 구성하고 이 지수를 따라간다는 뜻입니다.

반도체 관련 ETF를 고를 때 가장 많이 보는 지수가 '필라델피아 반도체 지수'입니다. 필라델피아 반도체 지수는 미국 증시에 상장된 대표적인 반도체 관련 기업 30곳의 시가 총액을 지수로 만든 것입니다. 지수에 속해 있는 기업의 흥망성쇠는 곧 반도체 산업의 발전 트렌드를 그대로 보여줍니다. 1993년에 시작된 지수는 미국의 CPU 기업인 인텔과 최초의 반도체 회사인 마이크론이 포함되어 있었습니다. 마이크론은 여전히 건재하지만 인텔의 경우 최근 들어 매우 큰 어려움을 겪고 있습니다. 인텔은 한 때 '인텔 인사이드'라며 데스크 PC에서 이들이 만든 CPU가 포함되어야 최고급 컴퓨터로 취급받을 정도로 최고의 인기를 누리던 기업이었습니다. 하지만 지금은 구조 조정을 하고 CEO가 교체되는 등 내홍을 겪고 있습니다. 여전히 부활의 신호탄을 쏘지 못하고 있습니다. 텍사스인스트루먼트도 지수가 만들어질 때부터 포함된 대표적인 반도체 회사였지만 지금은 명맥만 이을 정도로 존재감이 사라졌습니다. 오히려 이 회사 출신들이 이끌고 있는 기업들이 더 주목을 받고 있습니다. TSMC의 창업자 모리스 창, AMD CEO인 리사 수가 텍사스인스트루먼트 출신입니다. 엔비디아 역시 PC용 그래픽카드를 만드는 회사에 불과했는데, 인공지능의 등장과 함께 반도체 대장 기업이 되었습니다. 불과 30년 사이에 정말 많은 변화가 있었습니다. 빠른 기술 발전을 따라가지 못하고, 시장 변화를 좇지 못하면 언제 어떻게 사람들 기억 속에 사라질지 모르는 것이 반도체 산업입니다. 이런 이유 등으로 투자 초보자일수록 개별 기업보다 ETF에 투자하는 것이 더 낫습니다.

ETF에 대한 관심이 높으니 조금만 더 설명해보겠습니다. ETF 상품 중에는 두 배, 세 배의 이익을 보도록 설계된 상품도 있습니다. 수익이 나면 더 많이 얻게 되지만, 반대인 손실이 나면 더 크게 손해를 보게 상품입니다. 이런 상품을 '레버리지'라고 합니다. 레버리지는 '지렛대'라는 뜻입니다. 지렛대를 써서 수익률을 두 배 세 배 높인다는 의미입니다. 지수가 오르면 손해를 보고, 지수가 내리면 이익을 보는 청개구리 같은 상품도 있습니다. '인버스'입니다. 만약 우리나라의 반도체 기업이 중국 경기의 불확실성, 미국의 반도체 지원 철회, 주요 상품인 D램 가격의 인하 같은 악재가 계속해서 이어져서 주가 상승이 안 되고 하락할 것으로 예상한다면 인버스에 투자하는 것이 이익을 보는 방법이 됩니다. 레버리지나 인버스 모두 두 배 세 배의 이익을 노리는 만큼 위험성도 큽니다. 그래서 투자 경험이 많은 분께 추천하는 상품이지, 투자 경험이 없거나 ETF가 뭔지도 모르는 분이라면 함부로 들어가서는 안 되는 상품입니다.

모든 투자의 책임은 본인에게 있습니다. 상품을 판매하고 운용하는 회사들은 좋은 점만 부각하고 단점은 이야기하지 않습니다. 투자 상품을 결정할 땐 항상 꼼꼼하게 살펴보고 결정해야 합니다.

———

정리해보겠습니다. 반도체 클러스터 이야기를 하면서 부동산을 언급한 이유는 워낙 커다란 장치 산업이어서 땅, 위치, 지리 정보와 연관 지어서 볼 수 있는 눈도 필요하기 때문입니다. 지금의 강남이 대한민국의 가장 노른자 같은 지역이 된 이유가 무엇일까요? 나아가 분당과 수원이 뜨고 그 아래 용인과 동탄(화성)이 뜨고, 나아가 평택까지 대규모 부동산 개발이 이뤄지는 이유는 뭘까요? 순서대로 1980년대부터 시작된 한국의 경제 발전과 맥을 같이 하기 때문입니다. 그런 관점에서 보면 이 지역을 커다란 반도체(관련 IT) 벨트라고 부를 수도 있습니다. 경제를 알고 반도체 산업을 오래전부터 이해했던 분들이라면, 이러한 전망을 갖고서 강남 혹은 경기 남부 지역으로 부동산 투자를 했을지도 모릅니다. 경제를 공부해야 하는 이유가 이 때문입니다.

투자에는 꼭 부동산만 있는 것은 압니다. 반도체 산업의 성장이 확실하다고 생각한다면 주식에 투자하는 방법도 있습니다. 단기적으로는 미국의 반도체 지원법에 대한 대응과 우리 기업의 수혜 여부를 확인해야 합니다. 미중 갈등도 중요한 변수입니다. 우리 기업의 입지는 미중 갈등 사이에서 줄어들 가능성이 높습니다. 기술의 발전과 인공지능 서비스의 활성화 정도도 중요합니다. 생성형 AI는 시간의 문제일 뿐 성장을 의심하는 사람은 없습니다. 초기에는 여러 서비스가 난립하겠지만 시간이 지날수록 승자가 나타날 것입니다. 어느 기업, 어느 서비스가 살아남아서 시장을 차지할지 판단하는 것이 중요합니다. IT 업계의 높은 변동성으로 어떤 회사에 투자할지 선택이 어렵다면, 반도체 분야를 지수화한 ETF도 대안이 될 수 있습니다.

무엇보다 이 모든 것에 앞서서 '알고 투자하는 것'이 가장 중요합니다. 아는 것과 결과를 맞히는 것은 다릅니다. 적어도

'운에 맡기는 투자'를 하면 안 된다는 의미입니다. 우리가 이 책을 통해서 경제 뉴스를 읽고 공부를 하는 이유도 이 때문임을 잊지 말아야 합니다.

# 하루 15분, 경제 뉴스 업데이트하기

경제 관련 책을 읽고 나면 지식도 쌓이고, 뉴스를 잘 이해할 수 있을 것 같은 생각이 듭니다. 그런데 막상 경제 뉴스를 읽으려면 양도 많고, 어떤 뉴스가 중요한 것인지 구분하기도 어렵습니다. 경제에 막 관심을 갖기 시작한 분들을 위한 경제 뉴스/신문 읽기 팁을 소개합니다.

### 종이 신문의 장점

종이 신문은 하루에 한 번 발행으로 가장 중요한 기사를 업데이트해줍니다. 실시간으로 뉴스가 전달되는 시대에 뒤처진 수단이라 생각이 들 수도 있겠지만, 반대로 뭐가 중요한지 모르는 사람에겐 수많은 뉴스 중에서 무엇을 봐야할지 갈래를 잡아주는 좋은 도구가 되기도 합니다. 신문 지면의 한계로 모든 것을 다 전달하지 못하는 점 역시 초보자에게는 농축된 정보를 읽을 수 있다는 장점으로 작용합니다.

꼭 신문을 구독하지 않더라도 네이버 같은 인터넷 포털 서비스를 이용하게 되면 각 매체를 자신이 보는 뉴스 페이지로 설정을 해둘 수 있습니다. 한마디로 종이 신문 기사를 핸드폰에서 쉽게 맞춤해서 읽을 수 있습니다.

가장 많이 이용하는 네이버로 예를 들면, "네이버 홈 > 콘텐츠 > 뉴스 > 각 언론사 홈"에서 내가 구독할 매체를 지정할 수 있습니다. 그런 다음 홈에서 "신문보기" 메뉴를 탭 하게 되면 몇 면에 무슨 기사가 실렸는지 자세히 볼 수 있습니다(신문보기 메뉴는 언론사 홈의 여러 메뉴 중 뒷 쪽에 있으니 잘 찾으셔야 합니다).

## 하나의 주제를 깊게 파기(전문 경제지 활용)

우리나라의 대표적인 경제지는 서울경제, 한국경제, 매일경제입니다. 신문은 통상 1면에 가장 중요한 기사를 싣고, 이와 관련된 보충 기사를 3~6면에 싣습니다. 즉, 1면에는 가장 중요한 뉴스가 다뤄지되 요약이 되고, 자세한 내용은 뒤쪽 면에서 다시 다룹니다.

뉴스 읽기가 익숙하지 않거나, 하루 하나의 기사만으로 충분히 집중해서 보고 싶다고 한다면, 1면 기사 중 하나를 골라서 요약 정보를 읽고, 이것과 이어지는 기사를 뒷면에서 찾아 소화하는 것으로 신문 읽기를 끝낼 수 있습니다.

보충하자면 1면에 다른 핵심 기사들 중심으로만 뉴스를 읽고 후속 보충 기사를 찾아 연계해서 읽어본다면, 그날 꼭 알고 넘어가야 하는 뉴스는 다 본 게 됩니다.

## 필요한 경제 뉴스 챙기기(종합지 경제 섹션 활용)

종합지란 정치, 경제, 사회, 문화 등 다양한 뉴스들을 전달하는 신문을 말합니다. 종합지 중에서 경제 섹션을 별도로 분리하는 곳은 중앙, 조선, 동아입니다. 이 세 개 종합지를 갖고서 경제 뉴스를 읽기를 해보겠습니다.

지면 정보는 A1면, A2면, A3면으로 표시되고 경제 섹션은 B1면, B2면으로 구분되니 B면을 챙겨보면 됩니다. 보통 여덟 페이지로 정도로 면 구성이 됩니다. 몇 페이지 안 된다고 해서 모든 면의 기사를 다 읽을 필요는 없습니다. 그렇게 해서는 15분 안에 경제지와 종합지를 다 읽을 수 없습니다. 기사 제목을 훑어본 후 궁금한 내용 중심으로만 기사를 읽습니다. 뭐가 중요한지 잘 모르겠다면, 이 책에서 안내한 대로 석유, 반도체, 달러 중심으로만 읽으면 됩니다. 여기에 하나 더 추가하자면 부동산 정도입니다.

간단히 정리해보았습니다만 어떻게 보면 별거 없는 것도 같습니다. 핵심은 핸드폰을 이용해 15분 안에 경제지 3개와 종합지 3개를 재빨리 리뷰하는 것입니다. 총 6개의 신문을 본다고 생각하니 양이 많은 것 같지만, 보는 방법에만 익숙해지면 15분이라는 시간 안에 모두 읽어낼 수 있습니다. 매일 이렇게만 업데이트해도 나의 경제 지식은 부쩍 성장하게 됩니다.

이동할 때, 화장실에서, 잠깐 비는 시간 동안 핸드폰을 열고 말씀드린 대로 경제 뉴스를 읽는 습관을 만드세요. 경제가 쉬워지는 습관이기도 합니다.

( BH 049 )

# 경제가 쉬워지는 습관
: 석유, 달러, 반도체 뉴스만 읽을 줄 알면 끝!

초판 1쇄 발행 2025년 3월 4일

지은이 토리텔러

펴낸이 이승현
디자인 페이지엔

펴낸곳 좋은습관연구소
출판신고 2023년 5월 16일 제 2023-000097호

이메일 buildhabits@naver.com
홈페이지 buildhabits.kr

ISBN 979-11-93639-33-7 (13320)

좋은습관연구소에서는 누구의 글이든 한 권의 책으로 정리할 수 있게 도움을 드리고
있습니다. 메일로 문의주세요.